美育视角下审美素质养成研究

李德辉 著

天津出版传媒集团

天津科学技术出版社

图书在版编目（CIP）数据

美育视角下审美素质养成研究 / 李德辉著. -- 天津:
天津科学技术出版社, 2023.8
ISBN 978-7-5742-1552-8

Ⅰ. ①美… Ⅱ. ①李… Ⅲ. ①美学教育 – 研究 Ⅳ.
①B83

中国国家版本馆CIP数据核字(2023)第161855号

美育视角下审美素质养成研究
MEIYU SHIJIAOXIA SHENMEI SUZHI YANGCHENG YANJIU

责任编辑：杨　譞
责任印制：兰　毅

出　　版：天津出版传媒集团
　　　　　天津科学技术出版社
地　　址：天津市西康路35号
邮　　编：300051
电　　话：（022）23332490
网　　址：www.tjkjcbs.com.cn
发　　行：新华书店经销
印　　刷：定州启航印刷有限公司

开本 710×1000　1/16　印张 14.5　字数 220 000
2023年8月第1版第1次印刷
定价：88.00元

前　言

美育是教育领域中一个引人关注的领域，它致力培养学生的审美素质和艺术修养，以提高他们的审美能力和创造力。审美素质是美育的核心内容之一，对学生的全面发展和个性形成具有重要意义。

本书旨在以美育为视角，系统研究审美素质的培养过程和策略。通过对审美的本质和特征进行深入探讨，笔者旨在揭示审美素质的内涵和构成，并探索如何在美育实践中促进学生审美素质的发展。

在本书中，笔者采用科学严谨的方法，借助文献研究、实证研究和案例分析等手段，深入研究了美育与审美的关联，阐述了审美素质的定义、特征以及其发展与转变的规律。同时，笔者特别关注了社会、家庭和学校在审美素质养成中的作用，探讨了它们对学生审美素质的影响，并提出了相应的策略和对策。

本书还重点研究了审美素质的评价体系和评价方法。笔者认为，一个有效的评价体系可以帮助教育者和决策者全面了解学生的审美水平和发展情况，为优化教学和美育实践提供依据。因此，笔者深入探讨了评价体系的建立过程，包括评价的目的、原则和方法，并提出了实施策略，以促进学生的审美素质养成。

在编写本书的过程中，笔者始终秉承着严谨的学术态度，力求对美育视角下的审美素质养成进行系统的研究和论述。笔者希望通过本专著的出版，能够为教育工作者、研究者和美育实践者提供有益的理论指导和实践参考，推动美育事业的进一步发展。

最后，笔者由衷感谢参与本专著的研究者、教育工作者和美育实践者。正是因为你们的辛勤工作和宝贵经验的分享，使得本专著得以顺利完成。笔者希望这本专著能够为读者提供深入思考和启发，并为美育领域的研究和实践做出贡献。

祝愿本书能够为美育事业的发展提供有益的启示和指导，同时希望本专著能够引起更多人对审美素质养成的关注和重视。

笔者坚信，通过社会各界共同的努力，可以为学生的全面发展和美育事业的繁荣做出更大的贡献。

目　录

第一章　研究导引

本章将介绍本书的研究背景和意义，提出研究问题，并描述研究的方法和路径。在当前社会中，审美素质的需求日益增强，而美育在审美素质养成中的重要性也日益凸显。因此，本书的社会和教育意义显而易见。同时，通过对美育和审美素质的深入研究，本书也将对相关理论做出分析。本书将采用合适的理论框架和方法论，按照明确的步骤和计划进行。

第一节　研究背景和意义

一、当前社会对审美素质的需求

在 21 世纪的今天，审美素质已经成为人们日常生活和工作中不可或缺的一部分。无论是在职场上，还是在社交场合，良好的审美素质都能使人在众多竞争者中脱颖而出。同时，随着社会的发展，人们对美的追求也在不断提升，这使得审美素质的需求更加旺盛。因此，研究如何通过美育提高人们的审美素质，具有重要的实践意义。

审美素质，其根本意义就是人们对美的感知、理解和创造的能力。它涵盖了感知美、理解美、创造美和欣赏美等多个方面。在现代社会中，审美素质不仅仅是艺术家或设计师的专利，它已经渗透到了人们的日常生活中。无论是家居装饰，还是个人穿着，甚至是日常的言谈举止，都体现了人们的审美素质。

在职场上，良好的审美素质至关重要。无论是产品设计，还是市场营销，甚至是企业管理，都需要员工具备一定的审美素质。例如，产品设计师需要通过审美素质来设计出美观而实用的产品；市场营销人员需要通过审美素质来制作出吸引人的广告；企业管理者需要通过审美素质来营造和谐美好的工作环境。因此，良好的审美素质已经成为职场竞争的一项重要素质。在社交场合，审美素质同样起着重要的作用。人们通常会被具有良好审美素质的人所吸引，因为其能够展现出优雅的气质和独特的品位。其懂得如何欣赏美，如何创造美，如何将美融入日常生活中。

随着社会的发展，人们对美的追求也在不断提升。在物质生活丰富的今天，人们已经不再满足于基本的生活需求，而逐步开始追求更高层次的精神需求，其中就包括审美需求。人们开始更加重视生活的美感，开始更加欣赏自然和艺术的美，开始更加注重个人的审美素质的提升。因此，审美素质的需求也随之增加。

二、美育在审美素质养成中的重要性

美育在审美素质养成中的重要性不容忽视。美育，作为一种教育方式，其目的在于通过各种方式提升个体的审美素质，包括审美感知、审美理解、审美创新和审美欣赏等方面的能力。这些能力对于个体的全面发展，特别是对于个体的精神世界的丰富，具有重要的影响。

美育是审美素质养成的基础。美育提供了一个系统的、科学的教育过程，帮助个体从感知美、理解美、创造美到欣赏美，全面提升审美素质。美育不仅传授知识，更重要的是培养个体的审美能力，使其能够独立思考、独立欣赏、独立创造，从而形成独特的审美品位和审美风格。

美育是审美素质养成的途径。美育通过各种教育活动，如艺术欣赏、艺术创作、艺术批评等，提供了丰富的审美经验，使个体有机会直接接触美、感受美、理解美，从而提升审美素质。美育培养个体的审美情感，激发个体的审美兴趣，使其更加积极主动地参与审美活动，更加深入地理解和欣赏美。

美育是审美素质养成的保障。美育注重个体的全面发展，强调知识、能力和情感的统一，强调理论学习和实践活动的结合，从而确保审美素质的全面和深入的养成。美育注重个体差异，尊重个体的审美特性和审美需求，提供个性化的教育方案，从而确保审美素质的个性化和多样化的养成。

美育是审美素质养成的动力。美育通过激发个体的审美兴趣，培养个体的审美情感，使个体产生强烈的审美需求，从而成为推动审美素质养成的内在动力。创造良好的审美环境，创设丰富的审美活动，使个体有更多的机会和条件参与审美活动，从而成为推动审美素质养成的外在动力。

三、研究的社会和教育意义

研究审美素质的养成及其在美育中的角色，具有深远的社会和教育意义。在社会层面，审美素质的提升可以推动社会文化的进步，促进社会和谐，提高公民的生活质量。在教育层面，审美素质的培养可以丰富教育内容，提高教育质量，促进学生的全面发展。

（一）社会意义

审美素质的提升对于推动社会文化的进步具有重要作用。审美素质是人类文化的重要组成部分，它反映了人们对美的理解和追求，体现了人们的文化品位和文化素养。随着审美素质的提升，人们的文化品位和文化素养也会得到提升，从而推动社会文化的进步。此外，审美素质的提升也可以促进社会创新。因为审美素质涉及创新思维、创新能力等方面，所以提升审美素质有助于激发社会创新活力，推动社会创新发展。

审美素质的提升对于促进社会和谐和提高公民的生活质量具有重要作用。它不仅关乎个体的审美感受和体验，也深深地影响着个体与社会的关系以及生活质量。通过提升审美素质，人们能更好地理解和欣赏社会文化，更好地理解和接纳他人，从而促进社会关系的和谐，进一步推动社会的和谐。同时，它也可以帮助人们更好地欣赏和创造生活中的美，从而提高生活质量和满意度。

（二）教育意义

在教育层面，审美素质的培养对于丰富教育内容，提高教育质量具有重要作用。审美素质是教育的重要目标，是教育的重要内容。通过审美素质的培养，可以丰富教育内容，提高教育质量，使教育更加全面，更加人性化。

审美素质的培养对于促进学生的全面发展和生活质量的提升具有重要作用。作为个体全面发展的重要组成部分，审美素质涉及个体的知识、能力、情感、价值观等多个方面。通过培养审美素质，可以帮助学生全面发展，提升他们的综合素质，并促进他们的个性化发展。审美素质的培养还可以帮助学生形成正确的审美观，这是个体对美的理解和评价，它影响着个体的审美行为和审美活动。在生活质量方面，审美素质的培养不仅关乎学习，也关乎生活。它可以帮助学生更好地欣赏和创造生活中的美，从而提高他们的生活质量和满意度。

四、研究的理论意义

审美素质养成研究的理论意义是显而易见的。这不仅可以丰富和发展审美素质理论、深化美育理论研究、推动审美教育理论研究、拓展教育心理学研究，还可以促进跨学科研究。因此，对审美素质养成进行深入研究，对于推动相关理论的发展，提高理论研究的科学性和实用性，具有重要的理论意义。

（一）丰富和发展审美素质理论

审美素质作为一种重要的个体素质，其理论研究对于理解个体的审美行为、审美情感、审美价值观等具有重要意义。通过对审美素质养成的深入研究，可以进一步丰富和发展审美素质理论，提高审美素质理论的科学性和实用性。

（二）深化美育理论研究

美育作为一种重要的教育方式，其理论研究对于理解和指导美育实践具有重要意义。通过对审美素质养成的深入研究，可以深化美育理论研究，提高美育理论的科学性和实用性。

（三）推动审美教育理论研究

审美教育作为一种重要的教育方式，其理论研究对于理解和指导审美教育实践具有重要意义。通过对审美素质养成的深入研究，可以推动审美教育理论研究，提高审美教育理论的科学性和实用性。

（四）拓展教育心理学研究

审美素质养成涉及个体的审美感知、审美情感、审美思维等多个心理过程，其研究对于拓展教育心理学研究具有重要意义。通过对审美素质养成的深入研究，可以拓展教育心理学研究，提高教育心理学的科学性和实用性。

（五）促进跨学科研究

审美素质养成涉及心理学、教育学、艺术学、社会学等多个学科，其研究对于促进跨学科研究具有重要意义。通过对审美素质养成的深入研究，可以促进心理学、教育学、艺术学、社会学等多个学科的交叉融合，推动跨学科研究的发展。

第二节　研究问题的提出

一、研究的主要问题

审美素质养成研究的主要问题主要涉及以下几个方面：

（一）审美素质的定义和内涵

审美素质是一个复杂的心理和社会现象，其定义和内涵涉及个体的审美感知、审美情感、审美思维、审美行为等多个方面。然而，目前对于审美素质的定义和内涵尚无统一的理解和认识，这给审美素质的研究和实践带来了一定的困扰。

（二）审美素质的测量和评价

审美素质的测量和评价是审美素质研究的重要内容，也是审美素质实践的重要依据。然而，目前对于审美素质的测量和评价方法尚不成熟，尤其是对于个体的审美感知、审美情感、审美思维等内在因素的测量和评价，存在较大的困难。

（三）审美素质的养成机制

审美素质的养成涉及个体的生理、心理、社会等多个因素，其养成机制复杂多变。然而，目前对于审美素质的养成机制的理解和研究尚不深入，尤其是对于个体的生理、心理、社会等因素如何相互作用，如何共同影响审美素质的养成，尚无明确的理论和实证。

（四）美育在审美素质养成中的作用

美育作为一种教育方式，其在审美素质培养中的重要性已经得到了广泛的认可。然而，关于美育在审美素质培养中的具体影响，特别是不同类型的美育如何塑造审美素质，以及如何优化美育以提升审美素质的培养效果，这些问题仍然存在争议和研究的空白。

（五）社会、家庭和学校在审美素质养成中的作用

社会、家庭和学校是审美素质养成的重要环境，其在审美素质养成中的作用被广泛认可。对于社会、家庭和学校在审美素质养成中的具体作用，尤其是对于不同类型的社会、家庭和学校环境如何影响审美素质的养成，如何优化社会、家庭和学校环境以提高审美素质的养成效果，理解并不充分。

（六）审美素质养成的挑战和对策

在审美素质的养成过程中，一些显著的问题阻碍了人们的进步，包括社会环境的持续变化，教育资源的不平等分布，以及个体间的差异性。这些问题对于培养审美素质产生了阻力，需要找到一些解决策略。对于审美素质养成的难题以及应对策略的理解和研究目前还很肤浅，特别是在面对社会环境变迁、解决教育资源分配不公、尊重并利用个体差异方面，仍需深化研究和探索，从而找到应对这些挑战的有效途径。

二、研究的次要问题

审美素质养成研究的次要问题主要涉及以下几个方面。

（一）审美素质的分类和层次

审美素质是一个多维度的概念，其可以从不同的角度进行分类和层次划分。然而，目前对于审美素质的分类和层次尚无统一的理解和认识，这给审美素质的研究和实践带来了一定的困扰。

（二）审美素质的发展规律

审美素质的发展是一个动态的过程，其受到个体的生理、心理、社会等多个因素的影响。然而，目前对于审美素质的发展规律的理解和研究尚不深入，尤其是对于个体的生理、心理、社会等因素如何影响审美素质的发展，如何预测和引导审美素质的发展，需要深入研究和整合多个领域的知识，以加深对个体的生理、心理、社会等因素如何相互作用、影响审美素质发展的认识，从而提出科学的预测和引导方法，促进个体审美素质的全面发展。

（三）审美素质的教育策略

审美素质的养成需要有效的教育策略。然而，目前对于审美素质的教育策略的理解和研究尚不深入，尤其是对于如何设计和实施有效的审美素质教育策略，如何评价和优化审美素质教育策略的效果，这是一个重要的课题，需要进一步的跨学科研究和实践探索，以促进全面发展和培养人们的审美能力。

（四）审美素质的社会服务

审美素质的养成不仅关乎个体的发展，也关乎社会的服务。然而，目前对于审美素质的社会服务的理解和研究尚不深入，尤其是对于如何利用审美素质服务社会，如何评价和优化审美素质的社会服务效果，因此，迫切需要加强对审美素质的社会服务的探索和实践，以构建有效的桥梁，将审美素质与社会需求相结合，推动文化创意产业发展，提升社会文化生活质量。

三、研究问题的背景分析

（一）理论背景

审美素质养成研究的理论背景主要来自心理学、教育学、艺术学、社会学等多个学科。心理学为审美素质养成研究提供了关于个体的审美感知、审美情感、审美思维等心理过程的理论基础；教育学为审美素质养成研究提供了关于教育目标、教育内容、教育方法、教育评价等教育过程的理论基础；艺术学为审美素质养成研究提供了关于艺术审美、艺术创造、艺术教育等艺术过程的理论基础；社会学为审美素质养成研究提供了关于社会环境、社会文化、社会制度等社会过程的理论基础。

（二）实践背景

审美素质养成研究的实践背景主要来自美育实践、审美教育实践、社会实践等多个领域。美育实践为审美素质养成研究提供了丰富的实践材料和实践经验；审美教育实践为审美素质养成研究提供了多样的教育模式和教育效果；社会实践为审美素质养成研究提供了广泛的社会环境和社会影响。

（三）学术背景

审美素质养成研究的学术背景主要来自国内外的相关研究。国内外的研究者从不同的角度、不同的层次对审美素质养成进行了深入研究，提出了许多有价值的理论观点和实践策略，为审美素质养成研究提供了重要的学术背景。

以上背景为审美素质养成研究提供了丰富的理论资源、实践资源和学术资源，也为审美素质养成研究提出了新的问题、新的挑战、新的机遇。因此，对这些背景进行深入理解和充分利用，对于推动审美素质养成研究的发展，提高审美素质实践的效果，具有重要的理论和实践意义。

第三节 研究的方法和路径

一、审美素质养成研究的理论框架

（一）审美素质的理论基础

审美素质是人类对美的理解、感受和评价的集合。它涵盖了对美学理论和艺术规律的理解与掌握，即审美知识。通过学习和教育，人们对艺术的历史和现状有所了解，认识到美的标准和价值。审美素质的核心在于审美能力，即运用所学审美知识去理解和评价美的能力，其中涉及创造性思维、想象力、观察力、分析能力和综合能力。然而，审美素质并非只有理性的一面，审美情感也是其组成部分，这指的是对美的独特感受和深深热爱，包括对美的热爱、追求、欣赏、享受等情感体验。审美知识、审美能力和审美情感相互作用，相互推动，一同构建了审美素质的理论基础。

（二）审美素质的研究方法

审美素质的研究方法主要包括理论研究方法和实证研究方法。理论研究方法主要包括文献研究、理论分析、理论构建等；实证研究方法主要包括实验研究、调查研究、案例研究等。

（三）审美素质的研究内容

审美素质的研究内容主要包括审美素质的定义和内涵、审美素质的测量和评价、审美素质的养成机制、美育在审美素质养成中的作用、社会、家庭和学校在审美素质养成中的作用、审美素质评价体系的构建等。

（四）审美素质的研究目标

审美素质的研究目标主要是理解和解释审美素质的本质和特征，探索和揭示审美素质的养成机制，提出和验证审美素质的养成策略，构建和完善审美素质的评价体系。

二、研究的方法论

审美素质养成研究的方法论主要涉及以下几个方面：

（一）理论研究方法

理论研究方法是审美素质养成研究的基础，主要包括文献研究、理论分析、理论构建等。文献研究是通过阅读和分析相关的文献资料，对审美素质的理论基础、研究方法、研究内容、研究目标等进行深入理解和全面掌握；理论分析是通过对审美素质的理论基础、研究方法、研究内容、研究目标等进行深入分析和批判，揭示其内在的逻辑关系和规律性；理论构建是在理论分析的基础上，构建审美素质的理论模型和理论框架，为审美素质的研究和实践提供理论指导和理论支撑。

（二）实证研究方法

实证研究方法是审美素质养成研究的重要手段，主要包括实验研究、调查研究、案例研究等。实验研究是通过设计和实施实验，对审美素质的养成机制、美育的作用、社会、家庭和学校的作用等进行深入探索和实证验证；调查研究是通过设计和实施调查，对审美素质的现状、问题、影响因素等进行深入了解和全面掌握；案例研究是通过选择和分析典型的案例，对审美素质的养成过程、美育的实践、社会、家庭和学校的实践等进行深入揭示和实证分析。

（三）方法论的选择和应用

审美素质养成研究的方法论的选择和应用，需要根据研究的目标、内容、背景等进行灵活选择和适当应用。对于理论性强、抽象性高的研究，可以选择理论研究方法；对于实证性强、具体性高的研究，可以选择实证研究方法；对于既有理论性又有实证性的研究，可以选择理论研究方法和实证研究方法相结合的方法论。

（四）方法论的创新

审美素质养成研究的方法论不仅需要继承和发展传统的研究方法，还需要创新和发展新的研究方法。例如，可以尝试引入跨学科的研究方法，如数据科学的方法、计算社会科学的方法、网络科学的方法等，以提高审美素质养成研究的深度和广度；可以尝试引入新的研究视角，如生态视角、系统视角、网络视角等，以提高审美素质养成研究的全局性和整体性；可以尝试引入新的研究范式，如设计研究范式、行动研究范式、实践研究范式等，以提高审美素质养成研究的实用性和实效性。

（五）方法论的反思

审美素质养成研究的方法论需要进行持续的反思和批判，以避免研究的盲目性和片面性。例如，需要反思理论研究方法的局限性，如过度抽象、过度理论化等，以提高研究的实证性和实用性；需要反思实证研究方法的局限性，如过度具体、过度实证化等，以提高研究的理论性和普遍性；需要反思方法论的选择和应用的局限性，如过度依赖某一种方法、过度排斥某一种方法等，以提高研究的多元性和开放性。

审美素质养成研究的方法论是多元化的，这既为审美素质养成研究提供了丰富的研究方法，也为审美素质养成研究提出了新的问题和新的挑战。因此，对这些方法论进行深入理解和充分利用，对于推动审美素质养成研究的发展，提高审美素质实践的效果，具有重要的理论和实践意义。

三、研究的步骤和计划

（一）研究的步骤

1. 研究的准备阶段

研究的准备阶段是审美素质养成研究的起点，主要包括确定研究的目标、内容、背景等，进行文献的查阅和分析，构建研究的理论框架和方法论，设计研究的步骤和计划等。这一阶段的主要任务是为审美素质养成研究的进行提供明确的指导和充分的准备。

2. 研究的实施阶段

研究的实施阶段是审美素质养成研究的核心，主要包括进行理论的研究和实证的研究，收集和分析研究的数据，解决研究的问题，验证研究的假设，实现研究的目标等。这一阶段的主要任务是通过科学的研究方法，实现审美素质养成研究的目标，推动审美素质理论的发展，提高审美素质实践的效果。

3. 研究的总结阶段

研究的总结阶段是审美素质养成研究的终点，主要包括总结研究的过程和结果，评价研究的效果和影响，提出研究的建议和展望，撰写和发表研究的报告和论文等。这一阶段的主要任务是通过全面的总结和深入的反思，提高审美素质养成研究的质量和影响，为审美素质养成研究的进一步发展提供宝贵的经验和启示。

（二）研究的计划

审美素质养成研究的计划需要根据研究的目标、内容、背景等进行科学的设计和合理的安排。例如，可以根据研究的目标，确定研究的主要任务和次要任务，确定研究的重点和难点，确定研究的进度和时间表；可以根据研究的内容，确定研究的主要内容和次要内容，确定研究的方法和手段，确定研究的资源和条件。

1. 研究问题的提出

研究问题的提出是审美素质养成研究的起点，也是审美素质养成研究的核心。在提出研究问题之前，需要对审美素质、美育、社会、家庭和学校等方面进行深入的理解和全面的掌握。同时，对审美素质养成研究的深入理解和全面掌握也是必要的。研究问题的提出应明确研究的目标、内容和背景等，以确保为审美素质养成研究提供明确的方向和目标。研究方法的选择是审美素质养成研究的关键，也是审美素质养成研究的基础。

2. 研究方法的选择

为了进行审美素质养成研究，需要深入理解和全面掌握相关的理论框架和方法论。这样才能选择科学的研究方法和有效的研究手段，以满足审美素质养成研究的目标、内容和背景的要求。在选择研究方法时，应综合考虑各个因素，确保选取的方法和手段适合并能够为审美素质养成研究提供有力的支持。

3. 研究数据的收集

研究数据的收集是审美素质养成研究的重要环节，也是审美素质养成研究的基础。为了进行审美素质养成研究，需要对审美素质、美育、社会、家庭和学校等方面进行深入理解和全面掌握。这样才能在研究数据的收集过程中考虑研究的目标、内容和背景，以确保为审美素质养成研究提供充足的研究数据和有效的研究信息。收集研究数据时，应综合考虑各个因素，以保证所获得的数据对于审美素质养成研究具有充分的支持作用。

4.研究数据的分析

研究数据的分析是审美素质养成研究的关键环节，也是审美素质养成研究的核心。研究数据的分析是审美素质养成研究的关键环节，通过对收集到的数据进行深入分析，能够揭示出审美素质养成的规律和影响因素。在数据分析过程中，可以运用统计学方法、定量分析和定性分析等技术工具，对数据进行整理、归纳和解释。通过对数据的分析，获得关于审美素质养成的具体情况、发展趋势和有效策略等重要信息，从而为进一步优化审美素质养成的教育策略提供科学依据。数据分析还有助于发现潜在的问题和挑战，为研究者提供新的思路和方向，推动审美素质养成研究的不断深入和发展。

5.研究结果的解释和应用

研究结果的解释和应用是审美素质养成研究的终点，也是审美素质养成研究的目标。研究结果的解释和应用是基于对审美素质、美育、社会、家庭和学校等方面的深入理解和全面掌握。通过对审美素质养成研究的深入理解，能够准确解读研究结果，并将其应用于实际情境中。在解释和应用研究结果时，需要考虑研究的目标、内容和背景等因素，以确保提供科学的研究解释和有效的研究应用。这样才能为审美素质养成研究提供有力的支持，促进审美素质的培养和发展，为社会、家庭和学校等各个层面的教育实践提供有益的指导和借鉴。

第二章 审美与美育：理论探究

本章进行了审美与美育的理论探索。在审美的本质和特征部分，揭示了审美在人类生活和个人成长中的核心地位。对美育的理论基础的研究，明确了美育的目标、方法和在不同社会环境中的实践方式。在探讨美育与审美的关联中，理解了美育如何塑造个体的审美观念，以及审美在美育中的作用。这些学习对理解审美与美育的关系，以及将相关理论应用到实践中，具有重要的指导意义。

第一节 审美的本质和特征

一、审美的本质

（一）审美的定义

审美是人类理解世界的一种特殊形式，指人与世界（社会和自然）形成一种无功利的、形象的和情感的关系状态。审美是在理智与情感、主观与客观上认识、理解、感知和评判世界上的存在。审美也就是有"审"有"美"，在这个词组中，"审"作为一个动词，它表示一定有人在"审"，有主体介入；同时，也一定有可供人审的"美"，即审美客体或对象。审美现象是以人与世界的审美关系为基础的，是审美关系中的现象。

审美是人类对美的感知、理解和评价的心理过程和社会行为。其涉及人类的感觉、情感、思维、意志等多个心理过程，以及人类的社会、文化、历史等多个社会因素。审美是人类对美的主观体验和客观评价的统一，是人类对美的直观感知和理性理解的统一，是人类对美的个体体验和社会体验的统一。

（二）审美的本质

涉及人类对美的认识和感知，这种认识和感知是人类审美活动的基础和前提。人类对美的认识和感知是多元化的，它包括对美的直观感受、理性理解、情感体验和社会认同等多个方面。这种多元化的认识和感知使得审美的本质具有丰富的内涵和广阔的外延。

审美的本质之一是人类对美的直观感受，这种感受是人类对美的直接、本能的反应。它涵盖了多个感官领域，如视觉、听觉、触觉、嗅觉、味觉等，呈现出多样化的表现形式。这种多样化的直观感受赋予了审美以丰富的感性和生动的形象，构成了人类审美活动的起点和根基。通过感知美的各个方面，人们能够从直觉上产生情感共鸣，并从中获取审美体验的愉悦和满足。

审美的本质之二是人类对美的理性理解，这种理性理解是人类对美的深入思考和科学分析，它是人类审美活动的深度和高度。人类对美的理性理解是系统化的，它包括对美的本质、特征、规律、价值等多个方面的理解。这种系统化的理性理解使得审美的本质具有严谨的逻辑和深厚的内涵。

审美的本质之三是人类对美的情感体验。这种情感体验是人类对美的深刻感受和真挚体验，它是驱动和激发人类审美活动的动力和源泉。每个人的情感体验都是独特而个性化的，包括喜爱、欣赏、赞美、敬仰等多种情感。这些情感体验使得审美具有独特的魅力和吸引力，能够触发人们内心深处的共鸣和情感共享。审美的情感体验不仅在欣赏艺术作品和自然景观时发生，也贯穿生活的方方面面。它让人们感受到美的力量和情感的丰富性，丰富了精神世界并带来内心的满足和愉悦。

审美的本质之四是人类对美的社会认同。这种社会认同是指社会对美的认同和共享，它在人类审美活动中扮演着重要的角色，紧密联系着社会和文化背景。人类对美的社会认同是一种集体化的现象，涵盖了社会的审美观念、审美价值和审美规范等方面。通过社会化过程和文化传承，人们逐渐形成对美的共同认知，并在社会中建立起审美的共识和共享。这种社会认同使得审美的本质具有广泛的影响力和深远的意义。它不仅影响着艺术、设计、文学等领域的创作与评价，也塑造着社会的审美观念和审美标准，进而影响人们的审美选择和行为。审美的社会认同反映了社会文化的特征和价值观，也是人们共同追求和参与的文化活动。

以上这些认识和感知的多元化、直观感受的多样化、理性理解的系统化、情感体验的个性化和社会认同的共享化，共同构成了审美的本质。审美的本质涉及人类对美的认识和感知，这种认识和感知是人类审美活动的基础和前提。人类对美的认识和感知是多元化的，它包括对美的直观感受、理性理解、情感体验和社会认同等多个方面。这种多元化的认识和感知使得审美的本质具有丰富的内涵和广阔的外延。

二、审美的特征

审美的特征如图 2-1 所示。

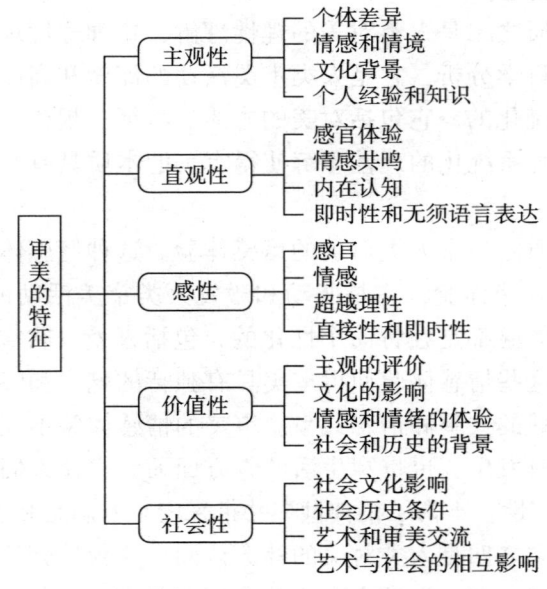

图 2-1　审美的特征

（一）主观性

审美是一种主观的、个体的感受和体验，它是人的感觉、情感和理智的综合反应。每个人的审美感受和体验都是独特的，这是因为每个人的感觉、情感和理智都是独特的。其主观性主要体现如下。

1.个体差异

每个人都有独特的经历、文化背景、教育程度、性格特点等，这些因素会在审美过程中发挥作用，塑造了个体对美的理解和欣赏的方式。由于个体差异的存在，对于同一件事物或艺术作品，不同的人会有截然不同的评价和态度。一些人更偏好简约和现代的风格，而另一些人可能更喜欢复杂和传统的风格。个体差异还表现在审美敏感度、审美教养和审美开放性上，这使得每个人对美的感知和欣赏都有独特的个性化和主观性。个体差异丰富了审美的多样性，促使人们更加开放和尊重不同的审美观点，同时也提醒人们审美评价的主观性和相对性。

2.情感和情境

审美感受和体验受到个体的情感状态和环境情境的影响。同一件事物或艺术作品在不同的情感背景下，可能引发不同的审美反应。人的情感状态可以影响对美的敏感度和接受程度，以及对不同类型的艺术形式的喜好。

3.文化背景

不同的文化传统和价值体系塑造了人们对美的定义和审美标准，因此人们在审美方面的喜好和评价会有所差异。文化背景决定了一个人接受的审美教育和受到的艺术影响，从而影响了其审美观念和品位的形成。例如，东方文化注重内敛、含蓄的美，强调平和与谦逊，而西方文化更注重个体表达和自由的美，强调个人独立性和创造性。这种文化差异导致人们对艺术作品、建筑风格、服饰设计等的喜好和评价存在明显差异。了解和尊重不同文化背景对美的认知和价值观对于促进跨文化交流和理解是至关重要的。同时，文化背景可以为人们提供不同的审美视角和启发，丰富了全球审美的多样性和创造力。

4.经验和知识

个人的审美观点和偏好还受到个体的个人经验和知识的影响。对于某种艺术形式或领域有深入了解的人，对相关作品有更高的欣赏度和理解力。而个人的生活经历、教育背景等也会影响其对艺术作品的解读和评价。

每个人的审美感受和体验都是独特的，没有绝对的客观标准来衡量美的价值。审美的主观性意味着不同的人可以对同一件事物产生不同的评价，而这种多样性和个体性正是审美的魅力所在。无论是艺术作品还是自然景观，每个人都可以根据自己的主观感受来欣赏和评价，这为审美体验提供了广阔的空间和丰富的可能性。

（二）直观性

审美是一种直观的感受和体验，它不需要通过推理和证明，就可以直接感受和体验到。这是因为美是一种直观的存在，它直接作用于人的感觉、情感和理智。审美特征的直观性表现如下。

1.感官体验

审美体验通常通过人的感官来实现，如视觉、听觉、触觉等。人们通过观察美丽的景色、聆听动人的音乐、感受光滑的表面等，直接感受到美的存在。这种感官的直接作用使得审美成为一种直观的体验，无须经过推理或逻辑推断。

2.情感共鸣

审美体验往往引发人们的情感共鸣。当人们欣赏一幅画、读一首诗、观看一部电影时，其中所包含的情感元素能够触动人们内心的情感回应。美的表现方式和情感内容能够直接引起人们的情感共鸣，让人们产生愉悦、震撼或感动等直观的情感体验。

3.内在认知

审美体验也涉及人的理智和认知。虽然审美是一种主观的体验，但它也受到个体的认知和理性思考的影响。通过观察、分析和理解艺术作品或事物的特征、形式和结构等，可以在直观感受的基础上加深对美的认知和理解。

4.即时性和无须语言表达

审美是一种即时的体验，不需要依赖语言或概念的表达。当人们面对美的时刻，人们能够直接感受到它的存在，而无须通过语言来描述或解释。美的直观性使得它能够瞬间传达，无须经过推理或概念的介入。

审美的直观性使得人们能够直接感受和体验美，无须经过冗长的推理和论证过程。每个人都可以通过自己的感觉、情感和理智来直接接触美，并产生独特的审美体验。审美的直观性为人类提供了一种无须言语的交流方式，使得美能够超越语言的限制，直接沟通和对话。

（三）感性

审美是一种感性的感受和体验，它主要是通过感觉和情感来感受和体验的。审美特征中的感性主要表现如下。

1.感官

审美体验依赖感官的敏锐和感知能力。通过观察、听觉、触觉、嗅觉等感官来感受和体验美。例如，欣赏一幅画时，可以通过视觉感知画面中的色彩、线条和形状，从而产生美的感受。感官的参与使得审美体验变得更加直接和感性。

2.情感

审美体验与情感密切相关。美能够引发人们的情感回应，激发人们内心的情感体验。例如，当人们欣赏一首音乐作品时，美妙的旋律、动人的情感表达会引发人们的愉悦、忧伤或激动等情感体验。情感的参与使得审美体验更加丰富、深刻且感性。

3.超越理性

审美体验常常超越了理性思考和逻辑推理的范畴，它更多地依赖个人的感受和情感反应。审美的美感和情感特征使得它能够触动人的内心深处，超越了简单的事实和理性的论证。在欣赏艺术作品、享受美景或感受音乐时，人们常常会陷入情感的境地，沉浸于美的氛围中，这种感受往往无法用理性的思考和逻辑推理来解释和剖析。审美体验提供了一种超越日常现实和逻辑思考的感受方式，让人们能够在感性的层面上与艺术、美感和美好的事物产生共鸣。它为人们提供了一种与世界相连的情感纽带，让人们能够感知和体验到更深层次的美。

4. 直接性和即时性

审美的感性体验是直接的和即时的。当人们面对美的时刻，能够立即感受到它的存在，而无须经过推理或分析。这种直接的感性体验使得人们能够立即被美所吸引和感染，产生直接而强烈的感受。

感性是审美的重要特征，它使得审美体验更加直接、情感丰富且个人化。审美的感性特征使得每个人都可以通过自己的感官和情感去感受和体验美，这也导致了每个人的审美感受和评价都是独特的。感性的参与使得审美体验成为一种个人的、深层次的体验，通过与美的互动，进而更好地认识和表达自己的情感世界。

（四）价值性

审美是一种价值的感受和体验，它是人对美的价值的认识和评价。这是因为美是一种价值的存在，它是人的价值观的一种表现。审美中的价值性体现如下。

1. 主观的评价

审美评价是主观的，它取决于个体的价值观和偏好。每个人对美的评价和价值认知都是独特的，受到个体的文化、经验、教育等方面的影响。人们根据自己的主观判断，将一些事物或作品视为美的体现，从而赋予它们一定的价值。

2. 文化的影响

审美价值受到文化的影响。不同的文化对美的定义和评价标准存在差异，因此，人们的审美观念和价值判断也会有所不同。文化背景对审美的塑造起着重要作用，它影响着人们对美的认知、接受程度和喜好。

3. 情感和情绪的体验

审美价值与情感和情绪密切相关。美能够引发人们的情感共鸣和情绪体验，从而赋予事物或作品一定的情感价值。当人们通过艺术作品或自然景观感受到美时，所产生的情感体验和情绪反应会影响其对美的价值认知。

4. 社会和历史的背景

审美价值受到社会和历史背景的影响。社会和历史条件塑造了人们对美的认知和价值观念，形成了一定的审美标准和传统。艺术作品和审美观念往往与社会文化的发展和演变息息相关，它们反映了特定时代和社会背景下的价值取向和观念。

审美的价值性体现了人们对美的认知和评价的价值导向。通过审美，人们表达自己对美的价值的认同和追求。审美的价值性使得美不仅仅是一种感官的体验，更是一种与人的内心世界和价值观念紧密相连的体验。每个人对美的价值认知和评价都是独特的，这也体现了审美的多样性和个体性。审美的价值性使得人们能够通过欣赏和评价美来反思和探索自己的价值观，并与他人进行交流和对话。

（五）社会性

审美是一种社会的感受和体验，它是社会文化环境和社会历史条件的反映。这是因为美是一种社会的存在。审美特征的社会性表现如下。

1. 社会文化影响

审美观念和价值取向受到社会文化的影响。不同的社会文化背景塑造了人们对美的认知、接受程度和喜好。社会的价值观念、信仰体系、道德标准等对人们的审美观念和品位产生重要影响。此外，社会的艺术、文学、音乐等文化产物也是审美的重要来源和表现形式。

2. 社会历史条件

审美观念和审美标准也受到社会历史条件的影响。不同时代的审美观念和审美价值有所变迁，反映了社会历史的演进和文化的发展。艺术作品和审美理论往往与特定时期和社会背景密切相关，它们反映了当时的社会问题、思潮和精神面貌。

3. 艺术和审美交流

审美的体验和欣赏往往是一种社会交流的形式。人们通过欣赏和评价艺术作品、参与艺术活动、参观展览等方式来与他人进行交流和对话。艺术作品在社会中具有一定的共享性和社交性，它们成为人们交流、对话和互动的媒介。

4. 艺术与社会的相互影响

艺术和审美与社会的相互作用是不可分割的。社会的政治、经济、文化等因素会对艺术的创作、发展和传播产生影响，艺术也可以对社会产生影响。艺术作品可以反映社会问题、表达社会情感、塑造社会意识形态等，从而成为社会变革和文化传承的一种重要力量。

审美的社会性使得审美体验不仅是个体的感受和体验，更是一种社会文化的共享和交流。人们通过与他人分享自己的审美体验，增进对美的认知和理解。审美的社会性也促进了艺术和文化的传承和发展，为社会带来美的享受和文化的繁荣。同时，社会的价值观念和社会环境也对个体的审美体验产生影响，塑造着个体的审美观念和价值判断。审美的社会性使得美不仅仅是个体的体验，也是社会共同关注和探索的话题。

三、审美在人类生活和个人成长中的地位

审美在人类生活和个人成长中扮演着重要的角色。

（一）情感和心理健康

1.情感共鸣和愉悦感

艺术作品、音乐、文学等形式的审美体验可以引发情感共鸣。当人们与艺术作品或音乐产生共鸣时，能够感受到艺术家表达的情感和意义，这种共鸣可以带来愉悦感和满足感。审美体验能够唤起人们内心深处的情感，并激发积极的情绪，例如喜悦、幸福和安宁，从而促进情感的平衡和积极的情绪状态。

2.情绪调节和压力缓解

审美体验对情绪调节和压力缓解具有积极的影响。当人们沉浸在美的世界中，如欣赏艺术作品、聆听音乐或感受自然景观时，他们的注意力会从日常的压力和焦虑中转移。在这个专注的状态下，人们可以暂时忘记烦恼，专心享受美的感受。这种专注和心流状态有助于放松身心，减轻压力和焦虑。审美体验激发了积极的情感和情绪，如赞赏、惊叹、喜悦和平静。这些情感能够调节人们的情绪状态，提升积极情绪的体验，减少负面情绪的影响。通过欣赏美的事物，人们可以体验到愉悦和满足，增强幸福感和生活质量。此外，审美体验也可以成为一种自我表达和情感释放的方式。通过艺术创作、摄影、音乐演奏等方式，人们可以将自

己的情感和内心世界表达出来，达到情绪宣泄和情感交流的效果。

3.自我表达和情感释放

审美体验也可以成为人们自我表达和情感释放的途径。对于创作者来说，艺术是一种表达内心情感和思想的方式，而对于欣赏者来说，欣赏艺术作品或参与艺术活动可以帮助其在情感上得到宣泄和释放。通过欣赏和参与艺术，人们可以找到一个安全的空间，表达和体验自己的情感，从而促进情感的健康流动和调节。

4.心流体验和专注力提升

在欣赏艺术作品或参与创作过程中，人们常常会进入一种心流状态，即全神贯注、投入其中的体验。心流体验可以提升人们的专注力和注意力，让其暂时抛开外界的干扰和烦恼，完全沉浸在艺术的世界中。这种专注的体验对于心理健康非常有益，可以帮助人们放松心情、减轻压力，并提升对当下的感知和体验。

（二）创造力和表达能力

1.开拓思维方式

审美体验可以帮助人们开拓思维方式，超越传统的思考框架。通过接触不同类型的艺术作品和文化形式，人们可以获得新的观点、理念和思维方式。这种多样性的体验可以激发人们的创造性思维，激发在问题解决和创新方面的想象力。

2.观察力和感知能力

审美体验的培养有助于提升人们的观察力和感知能力。通过欣赏艺术作品、观赏自然景观或参与艺术创作，人们能够培养仔细观察和敏锐感知周围环境中的细节和美好之处的能力。这种训练对于发展人们的观察力和敏感度至关重要，使他们能够更全面、深入地理解和表达自己的想法和情感。这种观察力和感知能力的提升不仅在艺术领域有益，而且在日常生活中也能够产生积极的影响，使人们更加敏锐地捕捉到周围世界的美妙之处，并更好地与之互动和沟通。

3.表达情感和思想

审美体验是一种表达情感和思想的媒介。通过欣赏艺术作品、参与文学阅读或参与艺术创作，人们可以学习到不同的表达方式和技巧，以有效地表达自己的情感和思想。艺术和文学作品激发了人们对语言、形象和符号的创造性运用，进而找到表达自己的独特方式。

4. 问题解决能力和创新思维

审美体验培养了人们的问题解决能力和创新思维。艺术作品和创造性活动常常要求人们寻找新的解决方案、创造新的观念和尝试不同的方法。通过参与审美体验，人们可以锻炼批判性思维、灵活性和创造性思维，从而在面对问题和挑战时能够提出创新的解决方案。

5. 自信和个人发展

审美体验有助于培养个人的自信和个人发展。通过参与艺术活动和创造性表达，人们可以发现自己独特的创造力和表达方式，增强自我意识和自我肯定。这种自信对于个人的成长和发展非常重要，可以激发人们在各个领域展示自己的能力和才华的欲望。

（三）自我表达和情感释放

1. 内心情感的表达

艺术是一种强大的表达工具，可以帮助人们将内心深处的情感和思想转化为具体的形式。对于创作者来说，艺术创作是一种自我表达的方式，其可以通过绘画、写作、音乐或舞蹈等艺术形式，将内心的情感、体验和见解传递给观众。对于欣赏者来说，欣赏艺术作品或参与艺术活动也可以使其通过观察、思考和感受艺术作品中的情感元素，进而启发和激发自己内心情感的表达。

2. 情感的宣泄和释放

审美体验为人们提供了一个安全的空间，让他们能够宣泄和释放情感。当人们欣赏艺术作品、参与表演或参观展览时，他们可以沉浸在艺术创作所带来的情境中，与作品中所表达的情感产生共鸣。这种情感共鸣能够触发人们内心深处的情感反应，并促使他们表达和释放负面情绪，如愤怒、悲伤或焦虑。通过情感的宣泄和释放，人们能够实现情感的健康流动，减轻情绪的负荷，达到心理的平衡和情绪的稳定。审美体验为人们提供了一种情感表达和情绪释放的出口，让他们在情感上得到宣泄和满足，进而促进心理健康和情绪的调节。

3.自我认知和情感探索

审美体验为人们提供了自我认知和情感探索的机会。当人们与艺术作品互动时，他们不仅仅是欣赏作品的外在美感，更重要的是在与作品互动的过程中，深入思考和感受内心的情感和体验。这种自我认知和情感探索的过程有助于人们更好地了解自己，发现和接纳内在的情感，并促进情感的调节和成长。通过审美体验，人们可以从作品中寻找共鸣，反思自己的情感体验，并以此为基础，培养情感智慧和自我意识。这种深入的自我认知和情感探索不仅丰富了个人内在世界，还为个人成长和发展提供了重要的启示和支持。

4.社交和共鸣的机会

审美体验也为人们提供了社交和共鸣的机会。通过参与艺术活动、参观艺术展览或参加文化活动，人们有机会与其他具有类似兴趣和情感体验的人进行交流和分享。这种社交和共鸣的体验可以加强人际关系、建立情感连接，并在彼此之间找到理解和支持。

（四）个人成长和教育

1.培养审美意识和情趣

接触艺术、音乐、文学等领域的学习，能让人深入理解美的价值，欣赏其内涵。由此，对美的敏感性和感知能力得到提升。有了这样的审美意识，人就能更敏锐地感受周围的美，享受生活中的良好品质

2.培养审美品位和批判性思维

审美教育有助于培养人们的审美品位和批判性思维能力。通过学习艺术作品和文学作品的分析和评价，人们可以学会辨别和欣赏优秀的艺术品和文学作品，提升自己的品位水平。审美教育还能够培养人们的批判性思维，让其能够独立思考、分析和评判艺术作品的质量和意义。

3.提升思维能力和观察能力

通过艺术、音乐和文学的学习，进而培养抽象思维、逻辑推理和创造性思维。这样的审美教育，也加强了观察世界的能力，无论是对细节的敏感度，还是对整体的理解，都有了显著的提升。

4.培养创造力和想象力

艺术创作和文学阅读，是发展创造性思维和想象力的好方式。这样的审美教育，让人有机会塑造独特的思维方式和创新能力，并在艺术和创造领域表达自我，发挥才能和创意。

5.培养文化素养和价值观

吸收不同文化背景下的艺术和美学知识，能有效地提升个人的文化素养和价值观，这就是审美教育的重要作用。对多元文化的研究和理解有助于拓展人们的认知视野，进一步促使他们尊重并理解不同的文化传统。审美教育也使得人们更加理解和欣赏艺术和文化的多样性，塑造出一种开放和包容的心态，从而促进了跨文化的交流和理解，使得文化和谐更加可能。

（五）社会价值和美学意义

1.推动社会进步

艺术作品通过独特的表达方式，能够唤起人们对社会问题、价值观和人类经验的思考。艺术家以自己独特的视角和艺术语言创作作品，通过艺术形式传递他们对社会现象的观察和反思，激发公众对社会问题的关注和思考。艺术作品能够触动人们的情感和共鸣，引发社会对于不平等、环境、人权等问题的讨论，推动社会的进步和改善。美学理论的研究推动了对美的理解和审美观念的创新。美学研究探讨艺术的本质、审美经验和美的价值，促进了对艺术和美的理解的深化。通过美学的研究，人们能够更加敏锐地感知和评价艺术作品，拓展审美领域的边界。美学的创新和发展激发了艺术家的创作灵感和探索欲望，推动了艺术和文化的发展。

2.培养社会共识

审美有助于培养社会共识和价值观的形成。艺术作品和美学理论作为一种共同的文化语言，可以促进不同社群之间的沟通和理解。通过欣赏和讨论艺术作品，人们可以交流彼此对美的理解和价值观，形成一种共同的审美认同和共识。这种共识有助于加强社会凝聚力，促进社会和谐与稳定。

3.提升社会的审美水平

审美的发展和传承对于提升整个社会的审美水平具有重要意义。通过艺术教育和文化传承，人们能够接触到多样的艺术形式和文化遗产，学习欣赏和理解不同艺术风格和表现方式。这有助于提升社会大众的艺术素养和审美能力，使整个社会对美的鉴赏水平提升，从而促进文化的繁荣和发展。

4.丰富人类文明的多样性和质量

审美的多样性和发展对于丰富人类文明的多样性和质量至关重要。不同文化的艺术形式和美学观念展示了人类创造力的丰富性和多样性。通过尊重和保护各种文化的审美表达，人类可以保留和传承不同文明的独特之处，促进文化的多元共融，丰富人类文明的内涵。

第二节　美育的理论基础

一、美育的定义

美育，或称为审美教育，是一种教育形式，其主要目标是通过艺术和审美体验来发展个人的审美感知、理解和欣赏能力。美育涉及对艺术形式（如音乐、绘画、舞蹈、戏剧等）的研究和实践，以及对美的理论和实践的探索。

美育是一种教育形式，旨在培养和发展个人的审美能力。它不仅仅涉及对美的感知和理解，更注重个体对美的欣赏和创造能力的培养。为了实现这一教育目标，美育通过艺术和审美体验来引导学生的成长。它强调学生通过实践性的艺术体验和创作活动，与艺术作品和文化产物进行互动和对话。通过与不同艺术形式的接触和参与，学生能够培养感知美、理解美、欣赏美和创造美的能力。学生通过学习音乐、绘画、舞蹈、戏剧等艺术形式，深入了解其艺术语言、表现方式和创作背后的意图。通过实际参与艺术创作和表演，学生可以体验艺术的过程和美的表达。

这样的实践性体验有助于学生培养对艺术作品的理解和欣赏能力，以及对美的感受和表达的能力。通过学习美学理论，深入探讨美的本质、功能、价值等方面的问题。他们也通过实践和体验，将美学理论应用于实际艺术创作和审美活动中。这样的理论与实践相结合，为学生提供了更全面的美育教育，促进其审美能力的发展和提升。

美育教育使学生在艺术和审美的世界中获得丰富的体验和启发。他们不仅可以感受和欣赏美，还可以通过自己的创造来表达美。美育的重点在于培养学生的审美情趣和创造力，使他们能够成为对美敏感、有艺术修养的个体。这种培养不仅可以丰富学生的个人生活，还有助于他们在各个领域展现出更高水平的创新能力和综合素养。

二、美育的目标

美育的目标是培养个体的审美能力，包括审美感知、审美理解、审美欣赏和审美创造等方面的能力。这些能力是个体在生活中感知美、理解美、欣赏美、创造美的基础。美育的目标如图 2-2 所示。

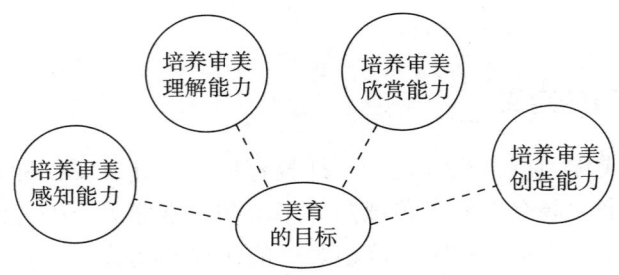

图 2-2　美育的目标

（一）培养审美感知能力

审美感知能力是一种极为重要的能力，它是个体理解和欣赏美的基础。这种能力涵盖了对各种艺术元素，如色彩、形状、线条、音乐、舞蹈等的感知。它不仅关乎视觉和听觉，也涉及人们对事物的深层理解和感受。

培养审美感知能力是美育的重要目标之一。这个过程涉及培养个体敏锐的感官观察力和感知能力，使其能够通过感官对美的细微变化做出准确的察觉和反应。一般来说，提高这种能力的过程涉及一系列的感知和思考活动，如观察、比较、思考和创造等。对于色彩、形状和线条的理解，这会涉及对艺术作品的深入研究，同时也需要借助实践来增强对这些元素的理解。对于音乐和舞蹈，需要通过观看演出、学习乐器或舞蹈等方式来深化理解和感知。

这种审美感知能力的培养不仅增强了个体的艺术理解和欣赏能力，也可以促进个体的心理发展和情感成长。通过对美的感知和理解，个体能够更好地理解自我，表达自我，也能够更好地理解和接纳他人。审美感知能力的培养也可以帮助个体建立更为丰富多元的生活视角，以更加积极、乐观的态度面对生活。

（二）培养审美理解能力

审美理解能力是在审美感知的基础上更深一步的能力，它要求个体对美的深入理解和解读。这种理解并不只是表面上的，而是需要深入艺术作品的内涵、形式、结构等各个层面，通过这种深入的理解和分析，个体能够把握作品的审美价值和意义。

在美育中，培养审美理解能力是至关重要的。这需要个体具备一定的文化素养，包括对艺术、历史、哲学等多元知识的掌握。这些知识使个体具备分析和理解艺术作品的基本工具，也为其提供了丰富的背景知识，理解艺术作品在特定文化和历史背景下的意义。艺术知识和理论基础也是审美理解能力的重要组成部分。艺术知识包括对艺术技巧、材料、风格等的理解，而理论基础则包括对艺术哲学、艺术批评、艺术历史等理论的理解。通过这些知识和理论，个体可以对艺术作品进行更深入的解读，理解其形式、结构和内涵，进一步把握其审美价值。

审美理解能力的培养是一个长期且富有挑战性的过程，但其带来的收益是巨大的。通过深入的理解和解读，个体不仅可以理解并欣赏艺术作品的美，也能够理解艺术作品背后的文化和历史意义，从而丰富自身的精神世界，提升生活质量。此外，通过审美理解，个体也能够建立自己的审美观念，形成自己的艺术见解，从而在艺术创作或批评中发出自己的独特声音。

（三）培养审美欣赏能力

审美欣赏能力是个体在理解和感知美之后，进一步对美进行主观情感体验和情感共鸣的能力。这一能力不仅包括对艺术作品美学元素的客观认知，更重要的是个体的主观情感反应和体验。这种体验来自对艺术作品的深入理解，也可能会来自个人的生活经历、情感状态和价值观。

在美育中，培养审美欣赏能力是至关重要的。这一过程旨在培养个体对艺术作品的情感共鸣和情感体验能力，使其能够通过艺术作品感受到美的力量、产生情感共鸣，并从中获得愉悦、启迪和满足。这种能力不仅提升了个体的艺术欣赏能力，也丰富了其情感体验，增强了其生活的质量和深度。

培养审美欣赏能力的过程是多元化的，既包括艺术教育和实践，也包括个人情感的培养和磨炼。艺术教育可以提供必要的理论和知识背景，使个体有能力理解和欣赏各种艺术形式。个人情感的培养和磨炼则使个体有能力深入理解和感受艺术作品所传达的情感和价值。

在艺术欣赏过程中，个体可以通过艺术作品感受到美的力量，从而产生情感共鸣，获得愉悦和满足。这种体验不仅可以提升个体的情感生活，也可以帮助其建立和拓宽自己的审美视角，开阔其精神世界。

（四）培养审美创造能力

审美创造能力涵盖了个体通过表达和创作艺术作品来传递美的能力。这种能力的培养，不仅需要对美的感知和理解，还需要发挥个体的创造力、想象力和表达能力。通过这种能力，个体能够创造出反映其内心审美追求和情感体验的作品，从而在艺术的世界中留下自己的独特印记。

在美育中，培养审美创造能力是一个核心目标。这个过程涉及激发和培养个体的创造力和想象力，这两种能力是艺术创作的源泉。创造力使个体能够提出新颖、独特的想法和概念，想象力则帮助个体在心灵的画布上构建和细化这些想法和概念。同时，培养审美创造能力也需要提高个体的表达能力，使其能够准确、生动地将自己的想法和情感表达出来。

这种创造过程会涉及各种艺术形式，如绘画、雕塑、音乐、舞蹈、诗歌、戏剧等。无论是哪种形式，都需要个体具备一定的技能和知识，使其能够将自己的想法和情感转化为具体的艺术作品。这就需要通过艺术教育和实践来提高个体的技能和知识。

审美创造能力的培养不仅能够帮助个体表达自我，也能够帮助个体理解和欣赏他人的艺术创作。通过创作自己的艺术作品，个体可以更好地理解艺术创作的过程和挑战，从而更深入地欣赏和理解他人的艺术作品。

美育的目标在于使个体在审美领域得到全面发展，从感知、理解、欣赏到创造都能够获得成长和提高。通过美育的培养，个体能够培养自己的审美能力，不仅能更好地欣赏和理解艺术作品，还能更好地在日常生活中感知和创造美。美育旨在提升个体的审美素养，增强其对美的敏感度和鉴赏能力，丰富个体的内心世界，培养个体的创造力和独立思考能力。最终，美育旨在使个体能够在艺术、文化和生活中享受美，并为社会的美好发展做出贡献。

三、美育的内容

美育的内容主要包括艺术知识和审美体验。艺术知识是个体理解和欣赏艺术作品的基础，审美体验是个体感知和体验美的重要途径。如图2-3所示。

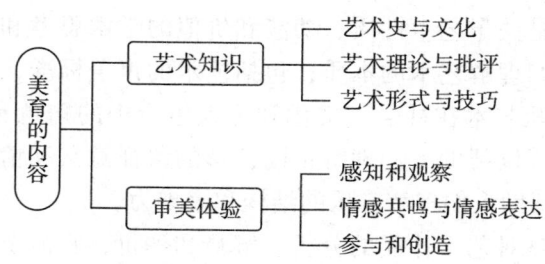

图2-3　美育的内容

（一）艺术知识

1.艺术史与文化

艺术史与文化是美育内容中的一个重要组成部分，它有助于人们理解艺术的历史发展、不同时期的艺术风格、各种艺术流派和文化背景。

从中，人们可以理解艺术作品的历史背景和文化内涵，从而进一步理解和欣赏艺术作品的深度和复杂性。

艺术史是对艺术历史发展的研究，包括艺术的起源、发展和演变，以及各种艺术形式和风格的出现和变化。学习艺术史可以帮助人们了解艺术在不同历史时期的变迁，包括社会、政治、经济和文化因素如何影响艺术的发展。此外，艺术史也关注艺术家的生平、创作背景和创作意图，使人们能更深入地理解艺术作品的内涵和意义。与艺术史紧密相连的是文化背景。不同的文化背景产生了不同的艺术形式和风格，这些文化背景为艺术作品提供了丰富的语境和内涵。了解艺术作品的文化背景，可以帮助人们理解艺术作品的象征、隐喻和主题，以及它们如何反映和解析其所在文化的特征和问题。例如，了解文艺复兴时期的欧洲社会和文化背景，可以帮助人们理解达·芬奇、米开朗琪罗等大师的作品，了解其作品背后的人文主义精神和对理性、自然的探求。同样，了解 20 世纪的抽象表现主义背景，可以帮助人们理解波洛克、罗斯科等艺术家的作品，如何反映了当时的社会动荡和个人情感的深度挖掘。

2. 艺术理论与批评

艺术理论与批评是美育的另一个重要组成部分，它涉及对艺术原理、理论框架以及艺术评价和分析的理解和应用。

艺术理论是关于艺术性质、功能和价值的学术思考和理论构建。艺术理论帮助人们理解艺术的本质，包括艺术的审美标准，艺术的创作过程和方法，以及艺术在社会、文化和个人生活中的角色和意义。例如，学习色彩理论可以帮助人们理解不同色彩的象征意义和情感效果，学习音乐理论可以帮助人们理解音乐的结构和表现力。

艺术批评是对艺术作品的分析、解释和评价，它需要基于艺术理论和知识，使用批判性思维和分析技巧。艺术批评可以帮助人们深入理解艺术作品的内涵和形式，评估艺术作品的技术水平，解读艺术作品的象征和主题，以及反映和探讨艺术作品所在的社会和文化环境。

艺术批评不仅能提高人们对艺术作品的理解和欣赏，还能培养人们的批判性思维和独立思考能力。通过艺术批评，人们可以从多个角度和层面去理解和评价艺术作品，包括审美、技术、原创性、社会和文化影响等。艺术批评也可以帮助人们理解不同的艺术流派和风格，对比和反思不同艺术家和作品的特点和影响，从而提升人们的艺术欣赏和创作水平。

3.艺术形式与技巧

艺术形式与技巧是美育内容的一个关键部分，涵盖了各种艺术类型，如绘画、雕塑、音乐、舞蹈和戏剧等。这些艺术形式各有其独特的表现方式和艺术特点，掌握并欣赏这些艺术形式和技巧是理解和创造艺术的基础。

在绘画领域，了解色彩、线条、空间、光线等元素如何在画布上呈现，有助于理解艺术家如何通过这些元素表达主题和情感。对于技巧的掌握，如临摹、素描、水彩等，能让个体有能力将想法和感觉转化为可见的图像，进一步提升艺术表达能力。雕塑则展现了物体在三维空间中的表现，这需要对形状、结构、质地等具有深刻的理解。而技巧上的学习如陶塑、木雕、石雕等，则让个体能够在实物空间中创造出具有形状和意义的作品。音乐让人们通过听觉感知美，对旋律、节奏、和声等音乐元素的理解，可以帮助理解音乐如何表达情感和故事。而学习乐器演奏、歌唱等技巧，则可以让个体有能力自己创作和表演音乐。舞蹈和戏剧则更强调身体和行为在空间和时间中的表现。舞蹈研究身体如何通过动作和姿态表达美，戏剧则涵盖了角色、情节、台词等多种元素。通过学习表演、编导等技巧，个体能在舞台上表达自己的艺术视野。通过深入研究艺术的不同形式和技巧，个体可以理解和欣赏各种艺术形式的美，也可以提升自己的艺术创作和表达能力，这是美育的重要目标。

（二）审美体验

1.感知和观察

感知和观察是审美体验的基础，是人们与美的初次接触，也是人们开始理解和欣赏美的重要方式。

在感知和观察中，个体运用五官——视觉、听觉、触觉、嗅觉和味觉——去接触、感知和理解世界。对艺术作品和自然景观的感知和观察，特别是对色彩、形状、线条、音乐旋律等感官元素的敏感度和理解能力，是人们认识美、理解美和欣赏美的重要途径。

例如，视觉是人们感知颜色、形状和线条的主要途径。人们通过观察艺术作品的颜色搭配、形状结构和线条流动，可以理解艺术家的创作意图，感知作品的审美风格和情感表达。同样，听觉是人们感知音乐旋律的主要途径。人们通过聆听音乐的旋律变化、节奏感和和声效果，可以理解音乐的结构和情感，感受音乐的美感和魅力。

同时，感知和观察也包括人们对美的主观体验和个人解读。每个人对美的感知和理解都是独特的，受到个人的感觉、情绪、经验和文化背景的影响。人们可以从个人的角度去观察和解读艺术作品，感受美的独特魅力和意义，发现美的多元和个性。

2. 情感共鸣与情感表达

情感共鸣与情感表达是审美体验的重要部分，是美育过程中不可或缺的环节。与艺术作品产生情感共鸣，可以激发个体的情感体验，引发内心的回应和共鸣。这种共鸣可能是愉悦的、激动的，也可能是沉思的、感动的，甚至是愤怒的、悲伤的，这些情感体验都构成了个体对美的全面理解和欣赏。

通过艺术作品，个体不仅可以理解和感受艺术家的情感表达，更可以对自身的情感进行反思和表达。艺术作品如一面镜子，反映出观赏者的内心世界，让观赏者在审美体验中发现自我，理解自我，表达自我。这种表达可能是直接的，例如通过创作艺术作品表达情感；也可能是间接的，例如通过欣赏艺术作品引发的思考和对话表达情感。

情感共鸣与情感表达也可以带给个体愉悦、启迪和满足的体验。艺术作品常常能触动人们的内心深处，激发人们的思考和情感，使人们在感动和共鸣中找到愉悦和满足。艺术作品也可以启迪人们的思想，引导人们对生活、人性、社会等进行深入的反思和探索。情感共鸣与情感表达是审美体验的重要部分，也是美育的重要目标。通过培养个体的情感共鸣与情感表达能力，不仅可以增强个体的审美体验，也可以提升个体的情感素养，丰富个体的情感世界，促进个体的全面发展。

3. 参与和创造

参与和创造是审美体验的活跃实践，是将个体与艺术作品、艺术创造过程紧密结合的一种方式，以此培养个体的创造力和表达能力。

参与艺术活动，可以使个体在动手实践中更深入地了解艺术的本质和魅力。比如在绘画活动中，领会色彩的运用、构图的布局，以及创作中的细节把握；在音乐演奏中，理解音乐的旋律、节奏和和声，感受音乐的韵律和情感；在舞蹈表演中，体验舞蹈的流动性和力量，感受身体的协调和节奏。这些都需要个体投入时间、精力和情感，从中获得对艺术的深入理解和个人成长的体验。

创造进一步推动了参与的深度，体现了个体的主观能动性和创新思维。每个人都是潜在的艺术家，都有自己独特的创作想象和表达方式。个体在创作中可以根据自己的审美观念和情感体验，创作出富有个性和原创性的艺术作品，从而实现自我表达，丰富自我经验。这不仅能提升个体的审美感受和创新思维，还能够增强个体的自信心和自尊心。参与和创造不仅是审美体验的重要环节，也是培养创造力和表达能力的重要方式。通过参与艺术活动和创作过程，个体可以体验艺术的魅力，发挥个人的创新能力，实现自我表达，从而获得更丰富、更深层的审美体验。

通过艺术知识的学习，进而能够了解艺术作品的历史、文化和形式，提升对艺术作品的理解和鉴赏能力。同时，通过审美体验的培养，个体能够感知、感受和体验美，培养对美的敏感度和欣赏能力。美育的内容旨在促进个体全面发展，不仅在审美领域获得成长和提高，也能将这种美育的体验和能力运用到日常生活中，丰富个体的思维、情感和创造力。

四、美育的方法

美育的方法主要包括艺术教育和审美活动。艺术教育是通过教授艺术知识和技能来培养个体的审美能力，审美活动是通过参与各种审美活动（如观赏艺术作品、参加艺术创作等）来提高个体的审美能力。以下将详细论述美育的方法。如图 2-4 所示。

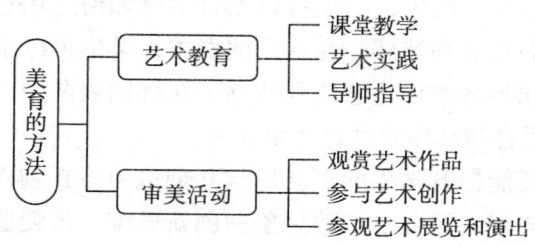

图 2-4 美育的方法

（一）艺术教育

1.课堂教学

课堂教学在艺术教育中扮演着基础和核心的角色，是传授艺术知识、理论和技能的主要途径。通过课堂教学，教师能够运用专业的教学理念和方法，向学生介绍艺术的基本知识、理论和技巧，帮助他们建立起艺术的基础理论和技能框架。

艺术史的教学研究艺术发展的历程、不同时期的艺术风格和流派，有助于学生理解艺术作品的历史背景和文化内涵，提升他们对艺术的历史视野和文化素养。通过艺术理论的教学，学生可以理解艺术的本质和艺术创作的规律，让他们清晰地了解艺术创作的原则和方法，掌握艺术作品的评价和分析技巧。艺术形式与技巧的教学也是课堂教学的重要组成部分。通过系统的训练和指导，学生可以掌握各种艺术形式（如绘画、音乐、舞蹈等）的表现技巧和艺术特点，提升他们的艺术欣赏和创作能力。

除了传授知识，课堂教学还需要激发学生的兴趣和热情，培养他们的创新思维和批判思维。教师可以设计富有挑战性和创新性的课程，鼓励学生进行独立思考和创新探索，以培养他们的独立思考能力和创新精神。

2.艺术实践

艺术实践是美育的重要组成部分，它提供了一个让学生将所学艺术知识与理论应用于实践，真实地体验艺术创作过程的平台。绘画、音乐演奏、舞蹈表演等各种艺术活动的实践，都是对学生艺术理论知识的深化和拓展，也是提升学生艺术表达能力的有效途径。

在艺术实践中，学生有机会更深入地理解艺术的过程和它所需的技巧。例如，在绘画实践中，学生可以亲自尝试如何运用色彩、线条和形状来表达自己的观点和情感；在音乐演奏中，学生可以学习如何通过音乐旋律、节奏和和声来传达意境和情感；在舞蹈表演中，学生可以体验如何通过身体语言和动作来进行艺术表达。

艺术实践还能提升学生的创新思维和创造力。在创作过程中，学生需要运用所学知识，结合自己的想象和创新思维，来创造出独一无二的艺术作品。这一过程不仅有助于锻炼学生的创造力，也能培养问题解决能力和批判思维。

通过艺术实践，学生可以更好地理解和感受艺术的魅力和价值，增强对艺术的热爱和尊重，同时也提升了自己的艺术表达能力和创新能力。这对于人们的个人成长和艺术素养的提升都具有重要意义。

3.导师指导

导师在学生的艺术成长过程中扮演着重要的角色。专业知识和经验能为学生提供宝贵的指导，帮助学生在艺术领域中发展个人的才能和风格。通过与导师的互动，学生能够更深入地理解艺术，更准确地认识自己，也更有效地表达自己的艺术理念。

在艺术教育中，导师对学生的专业指导与反馈是十分关键的。这不仅包括技术性的指导，如在绘画中如何掌握光影、在音乐中如何控制节奏，更包括对艺术的理解和鉴赏。导师可以分享其对艺术的看法和体验，引导学生对艺术作品进行深入的思考和讨论。

导师也可以通过个性化的教学，帮助学生发现并发展自己独特的艺术才能和风格。可以根据每个学生的兴趣、才能和发展阶段，制订出适合的教学计划，鼓励学生在创作中尝试新的思路和技巧，提高其艺术创作的自信心。

艺术教育并非单纯地传授知识，更是一个引导、发现和培养的过程。而导师就是在这个过程中，引领学生不断在艺术的世界中成长和进步，帮助塑造个人的艺术观和创作风格。

（二）审美活动

1.观赏艺术作品

观赏艺术作品是艺术教育中的一项重要活动，其目的是使学生身临其境地感受艺术的魅力，吸收艺术的营养，从而进一步提升自己的审美能力。不同的艺术形式，如绘画、雕塑、音乐会或舞蹈演出，各有其特殊的审美价值和艺术语言，学生们在直接接触和欣赏这些艺术作品的过程中，会对美有更深入的感知和体验。

绘画和雕塑作品使人们沉浸在色彩、线条和形状之中，音乐和舞蹈则让人们在旋律和节奏中感受生命的韵律。每一种艺术形式都有其独特的表现手法和情感表达，这对于学生理解艺术表达的多样性和丰富性具有重要的教育意义。

除了欣赏艺术作品本身，观赏艺术作品也是一个学习过程。学生们需要学习如何欣赏和理解艺术作品，如何从艺术作品中读取信息，如何解析艺术作品中的象征和隐喻，以及如何从历史和文化的背景中理解艺术作品的意义。这些技巧不仅可以提高学生们的艺术素养，也能够培养批判性思维能力。

观赏艺术作品，不仅是一种享受，更是一种学习，一种沟通。它使学生们有机会直接接触到艺术家的创作思想，体验艺术世界，从而开阔视野，激发想象力，提升创造力。这是一种重要的美育方法，对培养学生的综合素质和人文精神有着重要的作用。

2.参与艺术创作

参与艺术创作是美育中的一项重要方法。它不仅鼓励学生探索各种艺术形式，如绘画、音乐演奏或舞蹈表演，还通过动手创作，学生有机会直接接触艺术的物质形态和精神内涵。

在绘画过程中，每一笔、每一线、每一种颜色的选择，都反映出学生对世界的观察和理解。绘画过程就是一个转化视觉感知为艺术形象的过程，这个过程中的思考、选择和创新，都能锻炼学生的思维能力和创新能力。

音乐演奏和舞蹈表演，一方面可以锻炼学生的身体协调能力和节奏感；另一方面，通过演奏和表演，学生可以体验到音乐和舞蹈中的情感表达，了解艺术作品是如何表达人的情感和精神的。

参与艺术创作也能提升学生的自信心和自我价值感。每一个完成的作品，都是学生心灵的印记，是看到自己的才华和努力得到肯定时的满足和喜悦。通过参与艺术创作，学生不仅能够发展自己的艺术技能，也能体验到创造的乐趣和自我实现的满足。

参与艺术创作，无疑是一种富有挑战和充满乐趣的学习方式，对于培养学生的创新思维和独立表达能力，有着重要的意义。

通过艺术教育和审美活动，个体能够在理论和实践的指导下，不断培养和提高自己的审美能力。艺术教育提供了系统的艺术知识和技能的学习，使个体能够了解和理解艺术作品的背景和内涵。审美活动则为个体提供了与美互动的机会，通过观赏、参与和创造艺术作品来感受和体验美。这两种方法相互促进，使个体在审美领域得到全面发展，提升对美的敏感度、理解力和创造力。

3.参观艺术展览和演出

艺术展览和演出的参观是一种富有吸引力和教育性的美育方法。它让学生有机会接触到不同类型和风格的艺术作品，如传统艺术和现代艺术、西方艺术和东方艺术，从而有助于扩展人们的审美视野和艺术理解。

当学生在走进画廊，仔细欣赏每一幅画，或在博物馆中漫步，深入探索每一件展品时，人们正在体验一场视觉的盛宴，感受到艺术带来的魅力。在这个过程中，人们可以观察艺术作品的细节，理解其背后的思想和情感，感受艺术作品的美和力量。此外，艺术展览还常常会提供丰富的背景信息，如艺术家的生平、艺术作品的创作背景等，这些信息能帮助学生更深入地理解艺术作品，增加人们的艺术知识。

演出则是另一种体验艺术的方式。无论是音乐会、舞蹈表演，还是戏剧演出，都让学生有机会亲身感受艺术的动态和生动。通过观看和感受演出，学生可以理解艺术的流动和变化，体验艺术在动态中的美感。人们可以感受到音乐的旋律和节奏，舞蹈的力量和优雅，戏剧的情感和冲突。这些体验会帮助人们理解艺术是如何通过各种元素和手法来表达情感和思想的。

参观艺术展览和演出不仅能拓宽学生的艺术视野，提高人们的艺术素养，还能激发人们对艺术的兴趣和热爱，为人们今后的艺术学习和创作打下坚实的基础。

第三节　美育与审美的关联

一、美育在审美发展中的作用

美育在审美发展中的作用是多方面的，它不仅涉及个体的审美知识、审美能力和审美情感的培养，也涉及社会审美环境的营造和文化审美质量的提升。

（一）对个体审美发展的促进

美育通过教授艺术知识和理论，为个体提供了系统化的学习和理解美的途径。学习艺术史、艺术理论以及艺术形式与技巧，个体能够了解不同文化和时期的审美观念和审美标准。通过这些知识的学习，个体可以拓宽对艺术作品的认知范围，提高审美鉴赏能力。人们可以更深入地理解作品所传递的意义、表现形式以及艺术家的创作意图，从而培养出对美的深刻理解和欣赏能力。通过参与艺术创作和艺术欣赏，为个体提供了亲身体验和感受美的机会。艺术创作是个体表达内心情感和审美追求的过程，而艺术欣赏是个体与艺术作品进行情感共鸣和情感交流的体验。通过参与艺术创作，个体可以发展自己的创造力和表达能力，将内心的审美情感转化为实际的艺术作品。通过艺术欣赏，个体可以从作品中获取美的感受，与艺术家的创作意图进行对话，进一步丰富自己的审美体验。

培养个体的审美情感和审美品格。通过接触和体验美，个体能够感受到美带来的愉悦、启发和满足，从而培养积极的审美情感。审美情感涵盖了对美的喜爱、赞赏和敬畏之情，使个体能够从内心深处感受到美所带来的情感共鸣。此外，美育还可以培养个体的审美品格，包括对美的敏感度、独立思考和价值观的培养。个体通过审美的体验和反思，不断完善自己的审美观念，形成独特的审美取向和品位。

（二）对社会审美环境的营造

通过公共艺术项目和社区艺术活动可以美化城市环境，丰富社区文化，提高公众的审美享受。公共艺术项目包括城市雕塑、壁画、景观设计等，它们能够在城市中创造独特的艺术风景，为市民提供美的享受。社区艺术活动如艺术展览、街头表演等，可以将艺术带入市民的日常生活，激发艺术兴趣，丰富文化生活，提高对美的敏感度和鉴赏能力。这些美化城市环境和社区文化的举措，不仅让人们在日常生活中感受到美的存在，也为城市和社区增添了独特的艺术氛围。

通过艺术教育和艺术传播，可以普及艺术知识，提高公众的审美素养，进一步提升社会的审美风尚。艺术教育是培养人们对艺术的理解和欣赏的重要途径。在学校教育中，引入艺术课程，教授绘画、音乐、戏剧等艺术形式的基础知识和技能，帮助学生培养艺术表达能力和审美能力。此外，通过艺术机构和社区组织的艺术培训、讲座、工作坊等活动，为公众提供学习艺术的机会，使人们对艺术有更深入的了解和欣赏。艺术传播则通过展览、演出、媒体等渠道，将艺术作品和艺术家的创作传递给公众，让更多人接触和了解艺术，提高人们的艺术素养和审美修养。艺术教育和艺术传播的推动，可以为社会创造一个艺术氛围浓厚、艺术素养高涨的环境，促进艺术创作和艺术产业的繁荣发展。

（三）对文化审美质量的提升

通过艺术研究和艺术批评，可以提升文化的审美深度，推动文化的审美创新。艺术研究涉及对艺术作品、艺术家以及相关艺术理论的深入探索和分析，它有助于揭示艺术的内在价值、历史背景和创作技巧，从而提高人们对艺术作品的理解和欣赏水平。艺术批评则通过对艺术作品的评价和解读，引导观众对艺术作品进行深入思考和反思，促进艺术创作的创新和发展。艺术研究和艺术批评的开展，可以激发人们对艺术的兴趣和热爱，提高人们对文化艺术的审美品位，推动文化的审美质量不断提升。

提升文化的审美广度，推动文化的审美交流。艺术交流和艺术合作可以促进不同地域、不同文化背景的艺术家和艺术团体之间的互动与合作，使不同文化之间的艺术风格、观念和表现形式得以交流和碰撞。这种跨文化的艺术交流可以扩大人们的审美视野，丰富人们对多元文化的认知和理解，提升人们的审美广度。同时，艺术交流和艺术合作也有助于推动文化创新，促进艺术形式和风格的融合与发展。这种跨文化的艺术交流，为文化审美质量的提升提供了更广阔的舞台和机会。

二、美育与审美的互动关系

美育与审美的互动关系是一种复杂的动态关系，它涉及美育的输入与输出，审美的生成与发展，以及两者之间的相互影响和相互作用。

（一）美育的输入与审美的生成

美育的输入与审美的生成紧密相关。美育是审美生成的重要来源，它通过提供各种艺术形式和文化经验，使个体获得丰富的审美知识，并提高其审美能力。通过参与美育活动，个体能够培养良好的审美情感，进而对美的感知、理解和创造能力产生积极影响。这些审美素质是审美生成的基础，决定了个体在艺术、设计和创造领域中的表现和创新能力。

美育的输入是审美生成的必要条件。美育活动包括学习艺术史、参观艺术展览、欣赏音乐、阅读文学作品、观看电影等，这些活动为个体提供了广泛的审美体验和知识。通过学习不同艺术形式的创作技巧、艺术家的思想和表达方式，个体可以扩展自己的审美边界，丰富自己的审美观念。此外，参与美育活动还可以培养个体的感知能力和情感表达能力，使其更敏锐地感知美的细微之处，并能够用艺术形式来表达自己的情感和思想。

美育的输入对于审美生成起着重要的作用。它为个体提供了创造性的灵感和思维方式，激发了个体对美的独特理解和创造力的发展。通过与艺术作品的互动和参与，个体能够从中获取启示，形成自己独特的审美观点，并在创作过程中将其转化为具体的艺术作品或设计理念。美育的输入不仅能够提高个体的审美水平，还能够激发创新和想象力，培养个体的艺术创造能力和独立思考能力。

（二）美育的输出与审美的发展

美育的输出与审美的发展密切相关。美育不仅是个体审美成长和培养的过程，也是社会审美水平提升和发展的推动力。通过参与美育活动，个体可以不断提升自己的审美素质，深化审美体验，丰富自己的审美生活。

美育活动涵盖了艺术创作、艺术表演、文化交流等多个领域。个体通过参与美育活动，展示自己的创造力和艺术表达能力，不断提高自己的艺术水平和技能。这些个体的创作和表演作品反映了人们对美的理解和表达，对个人审美的发展起到了积极的推动作用。通过接触不同形式的艺术作品和文化体验，个体可以拓宽自己的审美视野，培养独立的审美判断能力，并形成独特的审美观点。个体的审美观念和美学理解会影响人们对艺术作品的欣赏和评价，进而推动了艺术创作的发展和多样性。

个体可以与他人分享自己的艺术作品和文化体验，促进文化交流和审美交流。这种交流不仅丰富了社会的审美资源，也推动了社会的审美水平的提升。艺术展览、音乐会、文化节等美育活动可以激发公众对艺术的兴趣和参与，促进社会对艺术的关注和支持。

（三）美育与审美的相互影响

首先，美育对个体的审美观念和态度产生重要影响。通过提供审美知识和教育，美育帮助个体了解和学习各种艺术形式、文化传统和创作技巧。这种知识和教育使个体能够形成自己的审美观念，培养良好的审美品位和审美判断能力。美育还通过培养个体对艺术作品的欣赏和理解能力，激发个体对美的敏感和热爱，从而深化个体对美的追求和体验。

其次，个体的审美体验和审美活动也对美育产生积极的影响。个体通过参与艺术创作、观赏艺术作品、参加文化活动等方式，实践和运用自己的审美知识和能力。这种实践和运用不仅丰富了个体的审美体验，也为美育提供了反馈和评价的机会。个体的审美反馈和评价可以促使美育教育者和策划者不断改进教育内容和方法，满足个体的审美需求，推动美育的创新和发展。

美育与审美的相互影响还体现在审美教育的实践中。审美教育既需要关注个体的审美发展和培养，也需要考虑社会的审美需求和价值观。因此，美育教育者在设计美育课程和活动时，需要结合个体的兴趣和需求，也要与社会的审美标准和文化传统相结合。这种相互关系促使美育教育者和个体之间建立起积极的互动和合作，共同推动审美的生成和发展。

三、美育对审美观念的影响

美育对审美观念的影响是深远的，其涉及个体的审美认知、审美情感和审美行为的塑造，以及社会审美环境和审美风尚的形成。

（一）对个体审美认知的影响

美育通过提供丰富的审美知识，使个体能够了解不同艺术形式、风格和流派的特点和发展历程。个体通过学习艺术史、文化传统和艺术理论，可以掌握各种艺术形式的创作技巧和审美标准，进而理解和解读艺术作品。这些知识为个体提供了丰富的背景和框架，拓宽了个体的审美认知领域，使其能够更全面地理解和评价艺术作品。

通过引导个体参与审美体验和实践活动，促进个体对美的感知和体验。个体通过欣赏音乐、观赏艺术作品、参与艺术创作等活动，直接接触和感受艺术的美感和情感表达。这种亲身体验可以深化个体对美的理解和感知，提高个体的审美敏感性和品位。通过实践活动，个体还能够实际运用自己的审美认知，发展独特的审美观点和审美选择。

美育通过创造多样的审美环境，塑造和影响个体的审美观念和价值观。艺术展览、文化节、艺术教育机构等提供了丰富的艺术资源和交流平台，让个体置身于多样的艺术体验和交流之中。这种环境的塑造和影响激发了个体对艺术和美的热爱和追求，塑造了个体对美的认知和评价标准。美育拓宽了个体的审美认知领域，提高了个体对美的理解和感知能力。这种影响使个体的审美认知更加深入和全面，影响了其审美品位和审美选择。

（二）对个体审美情感的影响

美育对个体的审美情感产生深远的影响。通过美育，个体可以体验美的过程，感受艺术作品和文化体验所带来的情感共鸣和情感体验。这些审美情感是个体对美的感知、理解和体验的重要组成部分，它们在个体的审美享受和审美满足中起着至关重要的作用。

个体在与艺术作品互动的过程中，可以感受到作品所传递的情感和表达的意义。这种情感体验可以涵盖各种情绪，如喜悦、悲伤、愤怒、平静等，使个体更加敏锐地感知和体验美的情感。通过艺术创作和表演，个体可以将自己的情感融入作品中，表达和分享自己的情感体验。通过提供丰富的艺术作品和文化体验，扩展个体的情感领域，丰富个体的情感体验和表达方式。不同的艺术形式和文化体验可以唤起个体不同的情感反应，激发个体的想象力、共情能力和情感表达能力。个体通过欣赏音乐、观赏绘画、阅读文学作品、观看电影等，与作品中的情感交流，从而提升自身的情感认知和情感体验。

营造艺术氛围和美学环境，美育可以促进个体的情感参与和情感表达。艺术展览、音乐会、戏剧演出等活动为个体创造了与艺术作品和艺术家进行情感互动的机会。个体可以与艺术作品和表演者共享情感体验，体验到艺术的情感力量和魅力。这种情感参与和表达的过程不仅丰富了个体的情感体验，也加深了个体对美的感知和理解。

（三）对个体审美行为的影响

美育对个体的审美行为产生重要的引导和影响。通过美育，个体可以学习艺术技能，参与艺术活动，实践审美生活，从而展开自己的审美行为。

美育通过提供艺术教育和培训，帮助个体学习和掌握各种艺术技能和创作方法。个体可以通过学习绘画、音乐、舞蹈、戏剧等艺术形式的技巧，培养自己的艺术表达能力。这种技能的掌握使个体能够参与到创作和表演的过程中，实践自己的审美想法和创意，展示自己的艺术才华。

美育通过引导个体参与艺术活动和文化交流，促进个体的审美实践和参与。个体可以参加艺术展览、音乐会、文化节等活动，观赏和体验各种艺术形式和文化表达。个体还可以参与艺术团体、文化组织或社区项目，与他人合作创作和表演。这种参与和实践使个体得以将自己的审美理念付诸实际行动，与他人分享和交流，丰富个体的审美体验和认知。

美育鼓励个体实践审美生活，即将审美观念融入日常生活中的方方面面。个体可以通过选择美观的生活环境、购买具有艺术价值的物品、品味美味的食物等方式，创造和享受美的体验。个体还可以通过阅读、写作、摄影等形式，表达自己对美的感受和理解。这种审美实践将美融入个体的日常生活，使其审美行为成为生活的一部分。

（四）对社会审美环境的影响

美育对社会审美环境产生重要的影响和营造作用。通过美育，可以美化城市环境，丰富社区文化，提高公众的审美享受，从而塑造和改善社会的审美环境。

美育通过美化城市环境的方式，提升了社会的审美质量和形象。城市中的公共艺术装置、雕塑、壁画等艺术品，以及建筑设计的美化和景观规划的营造，都是美育的一种体现。这些艺术元素不仅可以增添城市的美感和独特性，还可以激发公众的审美兴趣和参与，提升整个社会的审美观念和品位。美化的城市环境为人们提供了美的享受和启发，营造了良好的社会审美氛围。

通过丰富社区文化，美育推动了社会的审美风尚和多样性。社区文化活动、艺术节、展览和演出等都是美育的重要组成部分。这些活动为社区居民提供了接触和参与各种艺术形式的机会，丰富了社区的文化内涵和艺术氛围。社区文化的丰富和多样性推动了社会的审美风尚的发展和变化，激发了社会对不同艺术形式的关注和欣赏，促进了社会审美水平的提高。

提供丰富的艺术教育资源和机会，美育可以培养更多的艺术从业者和艺术爱好者，进而丰富社会的艺术创作和表达。艺术家的创作和表演活动、文化机构的发展和运营等都受益于美育的推动。这种创作和表达的活动不仅丰富了社会的艺术生活，也为社会的审美环境注入了新的活力和创造力。

第三章 审美素质的内涵与特征

本章深入探讨了审美素质的内涵与特征。首先，明确了审美素质的定义，解释了其在个体发展和社会互动中的重要性。接着，剖析了审美素质的构成，包括各个构成要素以及它们之间的关系。最后，分析了审美素质的发展与转变，阐释了影响审美素质变化的因素，以及其在不同文化、社会和历史背景下的演变趋势。通过本章的研究，为理解审美素质的本质，以及如何在实践中提升审美素质提供了有益的理论依据。

第一节 审美素质的定义

一、审美素质的概念解析

审美素质的概念解析涉及审美素质的内涵、外延和特征。

（一）审美素质的内涵

审美素质的内涵是一个涵盖多个方面的复杂概念，主要包括审美知识、审美能力和审美情感。

审美知识作为审美素质的一个重要组成部分，涉及对美的理解和判断。美的定义、分类、标准和理论都是审美知识的重要内容。对美的理解能帮助个体在欣赏艺术作品或自然景观时，更好地理解其背后的美学原理和价值。掌握关于美的分类和标准，能够帮助个体准确评价和鉴别各种艺术作品和美的现象，从而深化对美的认识。

审美能力则是个体感知、理解、创造和评价美的能力。审美感知能力使个体能够感知到艺术作品或自然景观中的美，这需要敏锐的观察力和丰富的想象力。审美理解能力使个体能够理解和解读美的含义和价值，这需要良好的逻辑思维和深厚的美学知识。审美创新能力则使个体能够创造美，表现在艺术创作、设计等活动中，这需要丰富的创造力和技巧。而审美评价能力是对美进行评价和鉴别的能力，这需要批判思维和审美经验。

审美情感是个体对美的感受和体验，它体现在个体的审美喜好、审美享受、审美情绪和审美情趣中。审美喜好是个体对某种美的偏好和爱好，体现在个体对艺术作品或美的现象的喜爱和追求。审美享受是个体在欣赏美的过程中获得的愉悦和满足，这是审美活动的主观体验和内在奖赏。审美情绪是个体对美的感受引发的情绪反应，如欣喜、惊奇、感动等。而审美情趣是个体在审美活动中形成的兴趣和爱好，这对促进个体持续参与审美活动具有重要作用。

这三个部分相互关联，相互影响，共同构成了审美素质的内涵，对于个体的审美教育和个人成长具有重要意义。

（二）审美素质的外延

审美素质的外延涵盖个体在面对美的各种情境时所展示的态度、行为以及其在日常生活中的实践。

审美态度涉及个体对美的态度和价值观。审美欣赏体现在对艺术作品或自然美景的欣赏中，不仅仅是表面的欣赏，更是对其内在美学价值的理解和尊重。审美尊重意味着尊重不同的美学观点和艺术形式，尊重艺术创作者的艺术自由和创新精神。审美追求是对美的追求和向往，表现在对高尚、精致、和谐的美的追求中。而审美责任则要求个体以责任心对待自己的审美活动和艺术创作，尊重和保护美的现象。

审美行为是指个体对美的行为和实践。审美观察体现在观察艺术作品或自然美景的行为中，这需要细心和专注。审美表达则是通过各种方式表达自己的审美感受和欣赏，如写评论、分享感受等。审美创作是通过绘画、音乐、舞蹈等艺术形式创造美，这需要创新意识和技巧。审美评价则是评价和鉴别美的现象，这需要批判思维和审美知识。

审美生活是个体在日常生活中实践美的方式。审美环境体现在对环境的美化和改造中，如装饰家居、绿化环境等。审美活动则是参与各种审美活动，如参观艺术展览、参加音乐会等。审美习惯是形成良好的审美习惯，如定期欣赏艺术作品、养成读诗的习惯等。而审美风尚则是积极推动和传播良好的审美风尚，如提倡简约美、倡导绿色生活等。

（三）审美素质的特征

审美素质的特征有三个重要方面：审美主体性、审美多元性和审美发展性。如图 3-1 所示。

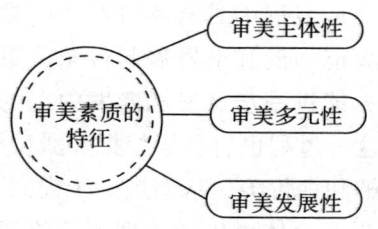

图 3-1　审美素质的特征

1. 审美主体性

强调审美素质是个体的主观能力和个性特征。每个个体都有自己独特的审美视角和感受，这与个体的生活经历、知识背景、个性特点等都密切相关。每个人都能在欣赏和理解美的过程中表现出自己独特的审美主体性。而培养和发展个体的审美主体性，就是要尊重和鼓励每个个体的独立思考，允许人们有自己的审美判断和欣赏，而不是强制接受一种统一的审美标准或模式。

2. 审美多元性

强调审美素质的多元性和差异化。审美素质并非单一而固定的，而是多元化和多层次的。从审美知识、审美能力、审美情感等各个方面来看，审美素质都有多种类型和层次。而且，每个个体的审美素质也有其独特的组合和配置，形成各自不同的审美风格和特色。所以，尊重和欣赏审美多元性，就是尊重和欣赏个体和社会的多样性。

3.审美发展性

强调审美素质的发展性和变化性。审美素质并非一成不变的，而是可以通过学习和实践来提高和发展的。通过学习，个体可以不断扩大审美知识，提高审美能力，深化审美情感；通过实践，个体可以将所学的审美知识和技能应用到实际中，实现审美素质的应用和提升。因此，培养和提高审美素质，就需要设计和提供丰富多样的审美学习和实践活动，激发和引导个体的积极参与。

二、审美素质的重要性

审美素质在人的全面发展中具有不可或缺的重要地位，它对于促进人的情感、理智和创新能力的和谐发展起着至关重要的作用。个体通过欣赏、感知和理解美，能进一步开发和激发内在的情感，形成丰富多彩的内心世界。同样，这一过程也有利于挖掘和激发个体的理性思考能力，帮助其更深层次地理解和评价美，从而进一步提高个体的创新思维能力。良好的审美素质能够提升个体对生活的理解和感知，从而丰富个体的精神世界，提高生活质量。通过欣赏美，个体能够更深入地感知生活中的美好，更充分地体验和享受生活，从而使生活更加充满乐趣和满足感。此外，通过创造美，个体能够在生活中实现自我表达和实现，从而增强自我价值和自我满足感。

在人际关系和社会环境方面，良好的审美素质同样发挥着重要作用。审美素质有助于提高个体的人际交往和沟通能力，使其能够更好地理解和欣赏他人，更有力地传达和表达自我，从而促进人际关系的和谐与友好。良好的审美素质也能够引导个体更好地关注和改善社会环境，使其更加关注和欣赏社会的美好，更加积极和主动地参与社会的美化和改进，从而促进社会环境的和谐与美好。

第二节 审美素质的构成

审美素质主要可分为三类：审美感知能力、审美判断能力和审美创新能力。如图 3-2 所示。

审美感知能力是指对美的直接感知和察觉能力，审美判断能力则是关于对美的理解和解释，而审美创新能力则涉及个体通过新颖和独特的方式表现和创造美。

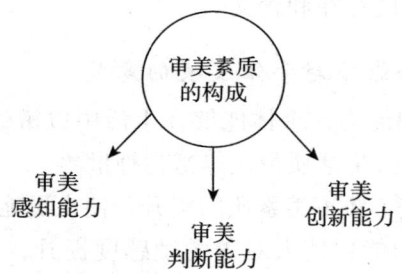

图 3-2 审美素质的构成

一、审美感知能力

（一）审美感知能力释义

审美感知能力，作为审美素质的重要组成部分，是指个体对美的直接感知和察觉的能力。它涉及对色彩、形状、音乐、文字等不同形式的美的敏感度和领悟力。审美感知能力是感知和理解美的基础，也是审美活动的起点。

个体对美的感知，首先是通过五感进行的。例如，视觉是感知色彩和形状的主要途径，听觉是感知音乐和语言的主要途径，触觉和嗅觉也能帮助个体感知到特定的美。这种通过五感进行的直接感知，使个体能够直观地体验和感受到美的存在。例如，当看到一幅色彩艳丽、构图和谐的画作，或者听到一首旋律优美、节奏动人的音乐，个体能够直观地感受到美的存在。

审美感知能力还涉及对美的敏感度和领悟力。敏感度是指个体对美的敏锐度和敏感度，领悟力是指个体对美的理解和把握能力。具备高度的审美敏感度的个体，能够敏锐地感知到美的存在，能够在众多的事物中发现美的痕迹。具备高度的审美领悟力的个体，能够深入理解美的含义，能够把握美的本质。在实际生活中，个体通过审美感知能力，能够感知和理解生活中的美。例如，个体通过视觉感知能力，能够感知到自然景色的美，通过听觉感知能力，能够感知到音乐的美，通过触觉和嗅觉感知能力，能够感知到食物的美。个体通过审美敏感度和领悟力，能够发现和理解这些美的存在和含义。

（二）审美感知能力对个体发展的意义

良好的审美感知能力，个体能够在生活中以敏锐而独特的视角发现美，捕捉美，从而提升生活质量，丰富精神世界。

一方面，它促进个体审美素质的提升，使人更能领略生活中的美好。由于良好的审美感知能力使人对美的敏感度提升，对美的领悟力增强，从而能够更深入地感知和理解美，达到更高层次的审美享受。美是生活中的调剂品，是精神世界的充实，对美的感知、理解和欣赏，将无疑使人在精神上得到满足，使生活更加充满乐趣和活力。

另一方面，审美感知能力有助于推动个体的创新能力。这种能力使人能够吸收和理解各种美的元素和灵感，为创新思维提供了丰富的土壤。审美感知让人能够观察到生活中那些微妙而独特的事物，这些事物往往能够触发人的思考和灵感，激发人的创造力，推动人在工作和生活中产生新的思维和观点。对于艺术家、设计师、作家等从事创作行业的人来说，这种能力更是必不可少的。

二、审美判断能力

（一）审美判断能力释义

审美判断能力，作为审美素质的关键组成部分，它体现在个体对美的深度理解和恰当解释上。这种能力涵盖了对美的评价、分析以及解释等方面，深度依赖于扎实的知识结构和丰富的生活经验。

对美的评价涉及对艺术作品或自然景物等具有美感的事物进行价值判断的能力，从而确定它们的审美价值和意义。这需要个体对美学理论和评价标准有深入的了解和掌握。

对美的分析则涉及对美的成因、形式和效果进行深入的剖析和理解的能力。它需要个体具备高度的分析和理解能力，能够从复杂的审美现象中提炼出关键的审美元素，并理解它们之间的关系和作用。

对美的解释则是对美的本质和含义进行阐述的能力。这需要个体具备丰富的知识和经验，以及高度的审美敏感性和理解力。

基于良好的知识结构，个体能够理解并应用各种美学理论和审美评价标准，从而做出准确的审美判断。而丰富的生活经验则使个体能够拥有广阔的审美视野和深厚的审美感受，从而理解和解释各种复杂和微妙的审美现象。

（二）审美判断能力对个体发展的意义

1. 加强人的审美敏感性和理解力

具备良好审美判断能力的个体可以更准确地理解美，并能更深入地体验美。这种能力帮助人们更好地欣赏和理解生活中的美，从而提高生活的质量，丰富精神世界。

2. 促进个体创新能力的发展

通过对美的深入解析和理解，审美判断能力有助于开拓人的思维，激发创新思维。这种能力可以帮助个体从美的事物中获取灵感，为创新思维的产生提供源泉。

3. 培养社会情感和人际关系

审美判断能力能帮助个体更好地理解他人的审美感受和价值观，从而更好地理解和尊重他人。这种能力有助于个体形成和谐的人际关系，建立良好的社会情感。

4. 提升个体的文化素养

审美判断能力是个体文化素养的重要体现。具备这种能力的个体能够更好地理解和欣赏各种艺术形式和文化现象，从而提升自己的文化素养，更好地融入和适应文化多元的社会。

三、审美创新能力

（一）审美创新能力释义

审美创新能力是审美素质的重要组成部分，它涵盖艺术创作、设计创新等多个领域，是个体表达美和创造美的一种新颖独特的方式。具备这一能力的个体不仅可以理解和欣赏美，更可以通过自身的想象力和创造力来创造和表达美。这种能力是创新思维和审美情感相结合的产物，它反映出个体的创新精神和审美追求。

在艺术创作领域，审美创新能力表现为个体的创作才能。这包括创新性的艺术构思、独特的艺术形式和表达方式等。具备这一能力的个体能够通过自己的艺术作品，展现出独特的审美视角和审美风格，传达出深层次的审美信息。人们的作品往往能打破常规，带来全新的审美体验，从而引发人们对美的新的认识和思考。

在设计创新领域，审美创新能力体现为设计者的创新设计思维和独特设计风格。这包括独特的设计构思、创新的设计方案、美观的设计形式等。具备这一能力的设计者能够将美的元素融入设计中，使设计作品既具有实用性，又具有审美价值，从而提升产品的品质和价值。

（二）审美创新能力对个体发展的意义

审美创新能力对个体的发展具有深远的影响。它不仅影响到个体的审美体验和审美满足，还关系到个体的心理健康、人际关系和职业发展。

从个体发展的角度看，审美创新能力可以促进个体的心理健康。创新性的审美活动，如艺术创作和设计创新，可以为个体提供一个自我表达和情感宣泄的出口，从而帮助人们处理和调适生活中的压力和冲突，达到心理的平衡和和谐。

从人际关系的角度看，审美创新能力可以促进个体的人际交往。具备这一能力的个体往往能够通过自己的艺术作品或设计作品，展现自我、传递情感、交流思想，从而与他人建立更深的情感联系和理解。

从职业发展的角度看，审美创新能力可以提升个体的职业竞争力。

在当今社会，越来越多的职业领域都需要创新思维和审美能力，如设计、广告、媒体、艺术等。具备审美创新能力的个体，不仅能够在这些领域中表现出色，还能在其他领域也展现出独特的优势。

第三节　审美素质的发展与转变

一、审美素质的发展

审美素质的发展阶段，可以从感知、理解、评价、创造这四个阶段来理解。如图 3-3 所示。

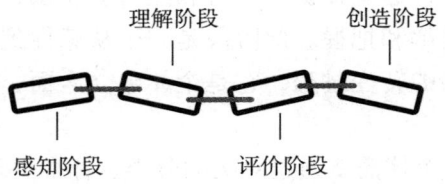

图 3-3　审美素质的发展阶段

（一）感知阶段

在审美素质的发展阶段中，感知阶段起着基础和重要的作用。它涉及对美的直接感知和察觉，是个体对美的最初接触和认知。这是一种基础的、直观地对美的感受和体验，它是个体建立对美的基本认识和理解的基础。

在感知阶段，个体主要通过直观的感官感受到美的存在。这种感知可以是视觉的，比如色彩、形状等；也可以是听觉的，比如音乐、语言等；还可以是触觉的，比如纹理、温度等。这种感知是个体对环境的直接反应，它直接关联到个体的感觉和情绪。这种感知的敏锐度和深度，往往与个体的生理特性和生活经验有密切关系。个体的任务是增强对美的敏感度和感知能力。这需要个体开放自我，敏感地接收和反应环境中的美的元素。这需要个体细致地观察，细腻地感受，全身心地投入。这也需要个体有一种好奇心和探索精神，敢于面对新的、未知的、不同的美的形式。

感知阶段也是个体积累审美经验的阶段。个体通过感知吸收美的元素，累积美的体验，逐渐形成自我对美的理解和判断。这种理解和判断，虽然初步，但是它是真实的，是直接的，是感性的，它是个体构建审美世界的基础。

因此，感知阶段在审美素质的发展过程中，起着基础和关键的作用。个体通过感知阶段，开始建立对美的基本认知和理解，为之后的理解阶段、评价阶段和创造阶段打下基础。

（二）理解阶段

理解阶段在审美素质的发展过程中，担任着深化和扩展的角色。在感知阶段为基础上，通过知识的学习和经验的积累，个体对美的本质和含义进行深入的理解和把握。此阶段是一个从感性到理性，从直观到深入，从单一到复杂的转变过程，它是个体建立全面、系统、深入的审美认识的重要阶段。

在理解阶段，个体需要通过对美的分类、标准、理论等知识的学习，提高对美的理解能力。这包括对不同类型的美的理解，如色彩的美、线条的美、声音的美、动作的美等；对不同形式的美的理解，如艺术的美、自然的美、人性的美等；对美的标准和理论的理解，如对美的定义、分类、标准、原则等。

此外，理解阶段也是个体积累审美经验，拓宽审美视野的阶段。个体通过对不同类型、不同形式的美的学习和体验，积累丰富的审美经验，扩宽审美视野，提高审美判断和评价的能力。

理解阶段也是个体形成自我审美主张的阶段。个体通过深入理解美的本质和含义，结合自身的感受和体验，形成自我对美的理解和主张。这种理解和主张是主体性的，是独特的，是多元的，它体现了个体的审美个性和风格。

理解阶段在审美素质的发展过程中，起着深化和扩展的作用。个体通过理解阶段，深化和扩展对美的认知和理解，形成自我审美主张，为之后的评价阶段和创造阶段打下基础。

（三）评价阶段

评价阶段在审美素质的发展中扮演着批判性的角色，代表了个体对美的深度理解和独立思考的能力。在理解阶段的基础上，个体需要运用已经掌握的美的知识，结合自身的感觉和经验，对美进行独立的评价和判断，从而形成自己的审美主张和态度。

在评价阶段，个体的审美能力进一步升华，从单纯的感知和理解，提升到深度的分析和批判。此时，个体不仅能感知和理解美，还能对美进行深入的分析，运用理性的思维，从不同的角度和层面，对美的形式、内容、效果等进行全面的审视。这种审视是批判性的，是分析性的，是深度的，它能帮助个体形成深入、全面、独立的审美判断。

评价阶段也是个体形成自己的审美主张和态度的重要阶段。个体通过对美的评价和分析，结合自身的感受和体验，形成自己的审美主张和态度。这种主张和态度是独特的，是个性化的，是多元化的，它体现了个体的审美个性和风格。

评价阶段也是个体进行审美创新的准备阶段。个体通过对美的评价和分析，积累审美经验，提高审美判断能力，为之后的审美创新打下基础。

评价阶段在审美素质的发展中，起着批判性和准备性的作用。个体通过评价阶段，提高审美判断能力，形成自我审美主张，积累审美经验，为之后的审美创新做好准备。

（四）创造阶段

创造阶段，是审美素质发展的最高阶段，它标志着个体从审美的接受者和解读者转变为审美的创造者和推动者。这一阶段的主要特征是创新和实践，个体不再满足于对美的感知、理解和评价，而是通过自己的努力，创造出新的美，实践自己的审美理念。

创造阶段的核心是审美创新能力。在这个阶段，个体需要运用已经学习的知识和技能，结合自身的感受和经验，进行艺术创作或设计创新。这一过程需要丰富的想象力、敏锐的洞察力、独立的思考能力和熟练的实践能力。通过这一过程，个体不仅能够表达自己的审美理念，实现自我价值，还能够对社会文化环境产生积极影响，推动审美文化的发展。

在创造阶段，个体的审美素质达到了高级阶段。个体不仅具备了敏锐的审美感知能力、深厚的审美理解能力、批判的审美评价能力，更进一步发展出了创新的审美创造能力。这种能力的提升，使得个体在审美活动中具有了主动性和创造性，成为审美文化的创造者和推动者。

创造阶段的审美素质发展也对个体的整体发展产生了深远影响。创新的审美创造能力，不仅丰富了个体的审美体验，提升了个体的审美价值，也促进了个体的创新思维能力、社会实践能力和个性发展。

创造阶段是审美素质发展的最高阶段，是个体审美能力全面发展和完善的阶段，也是个体从审美的接受者和解读者向审美的创造者和推动者转变的阶段。这一阶段的成功实现，有赖于个体的持续学习、实践和创新。

二、审美素质的转变

审美素质的转变如图 3-4 所示。

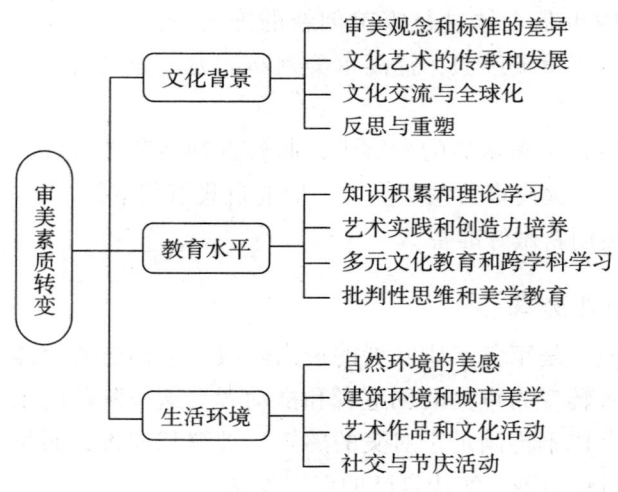

图 3-4　审美素质的转变

（一）文化背景对审美素质转变的影响

文化背景对审美素质有着显而易见的影响，它能够塑造和影响个体对美的认知、价值观和审美标准。以下是从文化背景层面论述文化对审美素质的影响，并促进审美素质的转变的几个方面：

1.审美观念和标准的差异

不同文化背景下的审美观念和标准存在显著差异。每个文化都有其独特的审美偏好和价值体系，这些偏好和体系被广泛接受和传承，影响了人们对美的认知和理解。例如，东方文化注重自然和和谐，追求平衡和整体美，而西方文化强调个人主义和自由表达，鼓励突破传统界限。这些差异导致了不同文化中审美素质的差异。

2.文化艺术的传承和发展

文化背景对艺术形式和创作风格的塑造和传承起着至关重要的作用。每个文化都有其独特的艺术表达方式和传统，这些传统对审美素质的培养和塑造起到重要作用。文化艺术的传承和发展不仅丰富了审美经验，而且对个体的审美素质进行了长期的熏陶和影响。

3.文化交流与全球化

随着全球化进程的加速，文化交流日益频繁，各种文化元素在世界范围内相互渗透和影响。这种跨文化的接触与交流为个体审美素质的转变提供了机会。人们通过接触和了解其他文化的艺术形式、观念和审美标准，扩展了自己的审美视野，促进了审美素质的多元化和转变。

4.反思与重塑

文化背景对个体的审美素质产生影响的同时，个体也能够通过反思和重塑来实现审美素质的转变。通过主动思考和对自身文化背景的审美偏好进行批判性思考，个体可以超越传统的观念和限制，开放心态去接受和欣赏其他文化的美。这种反思和重塑促使个体对审美的认知和理解不断深化和发展。

（二）教育水平对审美素质转变的影响

教育水平对于个体的审美素质具有重要的影响。通过知识的积累、艺术实践、多元文化教育和批判性思维的培养，教育能够提高个体的审美评价能力、创造力和对美的理解和认知，从而促进审美素质的转变和提升。

1.知识积累和理论学习

高等教育通常提供了广泛的艺术、美学和文化方面的学科课程，如美学、艺术史、文学、音乐、戏剧等。这些学科的学习使个体能够深入了解艺术创作的历史、理论和技巧，拓展审美的知识面和理论基础。通过理论学习，个体能够培养批判性思维和分析能力，提高审美评价的准确性和深度。

2.艺术实践和创造力培养

教育系统中的艺术教育和美育活动为个体提供了实践和创造的机会。通过绘画、音乐、舞蹈、戏剧等艺术形式的实践，个体能够亲身体验艺术创作的过程，培养审美感知能力和创造力。这种实践性的学习方式不仅提高了个体对美的敏感度和感受力，还激发了个体的艺术表达和创新能力。

3.多元文化教育和跨学科学习

教育系统的多元文化教育致力向学生介绍不同文化的艺术和审美价值，鼓励跨文化交流和理解。通过学习不同文化背景下的艺术和审美观念，个体能够开阔自己的审美视野，理解和欣赏多样化的艺术表达方式。跨学科学习也能够促进个体的审美素质的转变，例如将艺术与科学、技术、工程等领域相结合，创造出新颖和具有创新性的艺术形式。

4.批判性思维和美学教育

教育系统也强调批判性思维和美学教育的重要性。通过培养批判性思维，个体能够主动思考和分析艺术作品的内涵、形式和社会背景，深化对美的理解和认知。美学教育的目标是通过学习美学理论和批判性分析，提高个体对艺术和美的评价能力，促进审美素质的提升和转变。

（三）生活环境对审美素质转变的影响

生活环境对个体的审美素质具有重要影响。自然环境的美感、建筑环境和城市美学、艺术作品和文化活动，以及社交与节庆活动等都能够激发个体的审美感受，增强其审美素质。生活在美丽、艺术和文化丰富的环境中，个体更容易培养出对美的敏锐感知和欣赏能力，促进审美素质的转变和提升。

1.自然环境的美感

自然环境中的美景、自然景观可以成为个体审美的重要对象。山川湖海、花草树木等自然元素都能够激发个体的审美感受，增强其对自然美的敏感度和欣赏能力。通过亲身接触自然环境，个体能够感受到自然之美的和谐、变化和宏伟，从而培养自己的审美素质。

2.建筑环境和城市美学

建筑风格和城市规划对个体的审美素质有着显著影响。不同的建筑风格和城市设计能够带给个体不同的审美体验。美丽的建筑和城市景观不仅能够激发个体的美感，还能够塑造个体的审美观念和标准。生活在具有优美建筑和景观的环境中，个体更容易培养出对美的敏锐感知和欣赏能力。

3.艺术作品和文化活动

生活环境中的艺术作品和文化活动为个体提供了丰富的审美体验机会。艺术展览、音乐会、戏剧演出等文化活动以及公共艺术装置等都能够激发个体的审美感受。生活在充满艺术氛围的环境中，个体更容易接触到不同形式的艺术表达，拓展自己的审美视野，增强审美素质。

4.社交与节庆活动

社交与节庆活动也为个体提供了审美体验的机会。参与社交活动和庆典，个体能够接触到不同形式的艺术表演、舞蹈、服饰等，感受到集体的审美情感和共享的美好体验。这种集体审美体验有助于培养个体的审美情趣和审美价值观。

三、审美素质的转变案例分析

案例分别设计了 30 个选项，请学生选出高校优秀学生最应具备的素质以及目前高校学生最主要的缺点。如表 3-1 所示。

应具备的素质人数

诚实	助人	创新	运用知识	自学能力	兴趣多	开朗	成绩好	知识面广	关心时事
1162	327	162	141	140	124	121	104	92	79

经统计可以得出，大学生最期望的素质排在首位的是"诚实"，第二位则是"乐于助人"，这两项均属于是品德素质。而三、四、五位则是"富有创新精神""能灵活运用知识解决问题""自学能力强"，分别属于心理素质和智育素质。

根据数据分析结果，可以总结出以下观点：

在高校学生中，对于审美素质的发展期望人数较少，且各年级之间存在差异。一年级的期望人数最多，二年级次之，三年级再次之，而四年级的期望人数最少。特别是与一年级相比，四年级的期望人数存在显著差异，与二、三年级也存在显著差异。这表明一年级学生对审美素质发展的期望较高，而四年级学生对审美素质发展的期望较低。

不同类型的高校学生在对审美素质发展期望的人数上也存在差异。师范类学生的期望人数最高，其次是综合类学生，然后是文科类学生和农医类学生，而理工类学生的期望人数最低。特别是师范类学生的期望人数与理工、文科、农医类学生之间存在极其显著差异。这说明师范类学生对审美素质的要求远高于其他类型的学生（除了综合类学生）。综合类学生的期望人数仅次于师范类学生，在理工、文科和农医类学生之间也存在显著差异。这与学校的性质和要求有关，师范类学校的任务是培养有较高综合素质的中小学教师，包括艺术教育学科，因此师范类学生对审美素质的要求较高。

综上所述，学生对审美素质的发展期望在不同年级和学校类型之间存在差异，这反映了学生对自身审美素质的期望和需求的差异。改写这部分内容的逻辑可以更强调不同年级和学校类型之间的差异以及与学校性质和要求的关联。

这项调查针对重庆市的在校大学生，但所得结果对全国所有高校的审美教育都有启示。高校的审美教育是对大学生进行全面发展的重要组成部分，也是他们实现"美的人生设计与创造"的途径。审美与人类的社会性需要密切相关，与人生的目标和价值取向紧密相连。审美素质的培养首先始于情感上的期望。期望是个人对特定行为在达到特定结果时主观认知的预测，而非客观存在。

在本次调查中发现，仅有不超过2%的高校学生对审美素质发展抱有期望，与此同时，不到2.4%的学生认为自身的审美素质得到了发展。

这两个数字非常接近，说明缺乏审美素质发展的期望会导致实际发展受限。弗洛姆的期望理论指出，行为的努力强度由效价和期望相结合决定。过高或过低的期望都会阻碍动机的产生，导致不利的行为结果。本次调查显示，大多数高校学生对审美素质发展的期望不高，对审美对象的效价评估也不显著，这导致动机较弱，阻碍了师生互动教学和审美的实现，因此只有约 2% 的学生的审美素质得到发展。

不同类型的高校学生在审美素质期望和实际发展方面也存在显著差异，尤其是理工院校学生的审美素质期望和实际发展远低于其他类别的学生。这表明理工院校仍然受传统计划经济体制下文、理分科的教育体制的影响，人文教育相对薄弱。同时，整体上高校学生的审美素质出现下滑的趋势，反映出高等教育在美育方面存在偏差。尽管自十一届三中全会以来，美育开始受到关注和重视，并出台了有关艺术教育的法律法规，明确了艺术教育在美育中的地位和作用，但这也给高校实施美育带来了错误的导向，将美育等同于艺术教育。

在高校中，许多学生在基础教育阶段没有接受过专门的审美教育，甚至连简单的乐谱、拍子和浅显的概念都无法表达。进入高校后，没有及时补上美育这一课，偶尔的艺术讲座也无法传授学生系统的审美知识或激发他们对审美的强烈愿望。因此，尽管高校学生普遍对美育持肯定态度，但实际上他们对提高审美素质的追求热情不高。这也反映出了学生对审美教育的浅薄认识，这种现象可以归咎于我国高校美育的薄弱，也表明了加强高校审美教育的迫切性。

本次调查结果揭示了高校学生在审美素质期望和实际发展方面存在的差异。为了改变这种现状，高校需要转变审美素质思维，加强审美教育，并认识到审美教育对提高审美素质的价值和功能远远超过美学和艺术的范畴。这对于全国所有高校的美育教育都具有重要的指导意义。

四、审美素质的未来趋势

面对全球化的背景，未来的审美素质的培养和发展将面临更大的挑战和机遇。以全球视野，跨文化理解和对多元文化的包容和接纳为特点的审美素质，无疑是适应这个背景的重要方式。

全球视野的形成需要一个广泛的信息接收和理解过程。由于信息科技的飞速发展，人们可以随时随地接触到世界各地的艺术作品和美学思想，这为人们提供了极其丰富的审美素材。但是，如何从这些素材中寻找到自己感兴趣的内容，如何理解和欣赏来自不同文化的美，都需要人们有足够的审美知识和经验。而这些知识和经验不仅包括本地文化的审美知识，还应该包括对全球各地文化的理解和欣赏。例如，人们不仅需要理解和欣赏本地文化的艺术作品，还需要欣赏西方现代艺术的创新性和东方艺术的深沉和内蕴。跨文化理解是基于全球视野的基础上，通过深入研究和理解不同文化背景下的艺术作品和美学思想，从而提高审美的广度和深度。每种文化都有其独特的审美观念和价值观，理解这些差异，有助于丰富人们的审美经验和审美素质。例如，理解日本侘寂美学中的简朴和寂静，可以让人们体验到东方文化的内蕴和深度；理解南美印第安文化中对自然和神秘的崇敬，可以让人们感受到原始文化的独特魅力。

对多元文化的包容和接纳是全球视野和跨文化理解的进一步深化。在全球化的大背景下，各种文化和审美观点都有其存在的价值，人们的审美经验已经不再局限于某一种文化或艺术风格，而是需要接纳和包容各种不同的审美观点和风格。这不仅需要开放和包容的心态，也需要足够的知识和经验来理解和欣赏这些差异。

未来的审美素质将面临更多元化和开放化的挑战。全球视野、跨文化理解和多元文化的包容和接纳，无疑是应对这些挑战的有效方式。这不仅需要丰富的知识和经验，也需要开放和包容的心态，人们才能在全球化的背景下，更好地欣赏和理解美，提高生活的质量和满足感。

第四章　美育视角下的审美素质养成

本章主要围绕美育视角下的审美素质养成展开，首先探讨了美育的作用，着重分析其在促进个体审美素质养成中的重要性，然后深入剖析了美育策略的设计和实施，以及美育实践在审美素质养成中的应用。本章的目标是通过对美育视角下的审美素质养成的深入研究，揭示美育的功能，展现其在个体审美素质养成过程中的关键作用。

第一节　美育的作用

美育的作用如图 4-1 所示。

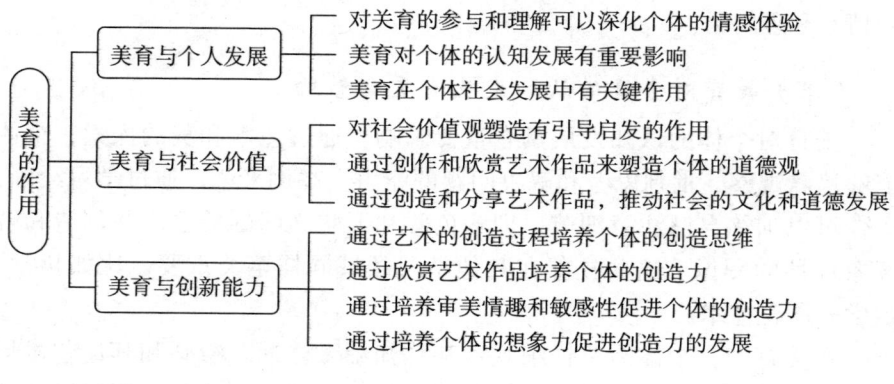

图 4-1　美育的作用

一、美育与个人发展

美育与个人发展具有密切的联系。作为一种特殊的教育形式，美育为个体的情感、认知和社会发展提供了丰富的资源。

（一）对美育的参与和理解可以深化个体的情感体验

美育对于个体情感体验的深化表现在多个层面。首要的是，它能够引发个体对美的敏锐感知，以及对美的深刻理解和赏析，从而丰富个体的情感世界。通过美育，个体可以获得更丰富、更深层次的情感体验，这是其他形式的学习和经验很难提供的。

对于音乐，绘画和戏剧等艺术形式的欣赏，会使个体产生从喜悦到悲伤，从惊讶到恐惧的各种情感反应。例如，欣赏音乐可以让个体体验到音乐中蕴含的喜悦、激动、宁静甚至悲伤，这些情感的体验对于个体的情感世界是极为重要的一部分，让人们有能力去体验和理解生活中的复杂情绪。

通过欣赏绘画，个体可以更深入地理解色彩、线条和形状所传达的情感和情绪，这种理解有助于人们对自身和他人的情感有更深的认识和理解。这一过程还能够增强个体的情感表达能力，通过学习和实践艺术，人们可以找到更有效的方式来表达和沟通自己的情感。

戏剧作为一种综合性的艺术形式，它的欣赏和创作可以使个体更全面地体验和理解人类的复杂情感。通过参与和观看戏剧表演，个体可以体验到不同角色的情感，理解人们的动机和行为，从而培养出更深刻的同情心和理解力。

（二）美育对个体的认知发展有重要影响

美育对个体的认知发展具有重要影响。通过艺术和美的探索，个体能够培养观察、批判思考和解决问题的能力。举例来说，通过学习绘画，个体可以训练自己注意细节、理解色彩和形状之间的关系，并创造和解读象征性的图像。这些技能在其他学习领域同样至关重要，比如科学、数学和语言艺术。

在美育中，个体需要仔细观察和感知细微之处。绘画和其他艺术形式要求人们仔细观察物体、人物或环境的细节，并将其表达出来。这培养了个体的观察力和专注力，使其能够更加敏锐地观察周围世界。通过美育，个体还能够培养批判思考的能力。艺术作品不仅仅是形象的再现，还包含着创作者的情感、思想和意图。通过欣赏和分析艺术作品，个体学会审视不同的观点、解读象征性的符号和探究作品背后的深层含义。这种批判思考能力在解决问题和做出决策时非常重要。

美育也促使个体培养创造力和想象力。在艺术创作过程中，个体被鼓励去创造新的形式、表达个人情感和构建独特的视觉语言。这种创造力和想象力的培养不仅在艺术领域中有益，也对其他学科产生积极影响。在科学和数学领域，创造力可以帮助个体发现新的解决方案和创新的方法。在语言艺术中，想象力可以帮助个体创作富有想象力的故事和文字。

（三）美育在个体社会发展中有关键作用

美育在个体的社会发展中也起着关键作用。艺术和美的体验有助于个体理解和接受文化差异，促进人们对社会问题的深度思考，以及对社会公正和公平的追求。

通过欣赏来自不同文化背景的艺术作品，个体可以学习和欣赏多元文化。艺术作品是文化的表达和体现，它们反映了不同文化的价值观、传统和经验。通过接触和理解来自不同文化的艺术作品，个体可以增进对其他文化的了解和尊重，从而促进文化的包容性和相互理解。这有助于个体在多元文化社会中建立联系和沟通，培养跨文化交流的能力。

许多艺术作品直接或间接地反映了社会问题。艺术家常常通过人们的作品传达对社会不公、环境问题、人权等议题的关注。当个体欣赏和理解这些作品时，人们对这些问题的认识也会得到提升。艺术作品可以引发个体对社会问题的思考，激发人们的社会责任感，进而推动人们积极参与社会改变和追求社会公正。

美育还可以培养个体的审美情趣和美学观念，使其在社会中更好地欣赏和推广艺术。个体通过对艺术作品的欣赏和理解，培养了对美的敏感性和鉴赏能力。这不仅能够丰富个体的人生经验，提升生活品质，还使人们能够成为艺术和文化的传播者和推动者，促进社会的艺术发展和文化繁荣。

二、美育与社会价值

美育在塑造社会价值观和道德观方面发挥着重要作用。通过艺术和美的体验，个体能够培养对文化差异的理解和接受，促进对社会问题的深度思考，以及对社会公正和公平的追求。

（一）对社会价值观塑造有引导启发的作用

艺术作品常常作为一种特殊的载体，体现出艺术家对于生活的深度洞察和理解。艺术作品所展现出的情感、观念、冲突和解决方案，都会启发观众产生自我反思，审视并且塑造自身的社会价值观。

艺术作品的多样性为观众提供了广阔的思考空间，各种不同的艺术风格、艺术手法以及艺术家的观念都在无形之中影响着观众的思考方式和方向。艺术作品的深度和独特性，无论是其视觉冲击力，还是其寓含的深刻主题，都能激发观众的思考，引导观众在感知艺术的同时，也反思并形塑自身的价值观。

此外，艺术作品通常富含象征意义，每一幅画作、每一首诗歌、每一首音乐作品、每一部戏剧或电影，都包含着一种或多种社会议题的反映。这些议题关乎社会公正、人权、环境保护、性别平等等，这些都是人们在生活中必须面对的重要问题。艺术作品的象征性质使得这些社会议题得以以更为深刻、细腻的方式呈现出来，从而促使观众对这些议题进行思考，从而形成更为丰富、更为深刻的社会价值观。

从这个角度看，艺术和美育的重要性不仅仅体现在提升个体审美素质，更在于其对于社会价值观的引导和塑造作用。通过欣赏和理解艺术作品，个体不仅可以提升自身的审美水平，更可以在思考和反思中，形成更加健全、更加深刻的社会价值观。

（二）通过创作和欣赏艺术作品来塑造个体的道德观

艺术作品在塑造社会的道德观方面发挥着重要作用。艺术家通过创作作品来探索和传达对道德和伦理问题的关注，而个体通过对这些作品的审美体验和理解，可以引发对道德问题的深入思考。其所传达的情感、道德冲突和伦理挑战引发了个体对社会价值观和道德观的思考和追求。艺术家在作品中常常以情感和道德冲突作为主题，通过艺术形式表达对社会不公、不道德行为以及伦理挑战的关切。这些作品激发了观众对道德观念的思考和反思。

个体通过对艺术作品的欣赏和理解，能够与作品中所传达的情感和道德挑战产生共鸣。这种共鸣能够触发个体对社会正义、人权、平等、道德责任等议题的深思，激发个体对道德观念的形成和发展。艺术作品可以成为个体思考道德问题的触发器，引导他们关注社会的道德标准和行为准则。

艺术作品还可以通过情感和审美的方式传递道德信息。艺术作品的表现形式和艺术语言能够引起个体的情感共鸣和思考，促使他们对道德价值进行探索和反思，通过情感的表达引发个体对道德问题的思考。艺术家通过作品所传达的情感和情绪，使个体能够深入感受和理解人类的情感体验，包括喜怒哀乐、痛苦和欢乐等。这种情感的表达激发了个体对道德价值的思考和认识，使其能够对作品中所揭示的伦理和道德问题产生共鸣，并思考自身在道德冲突中应该采取何种立场和行为。艺术作品中的情感表达引发的个体共情与思考，有助于形成和发展个体的道德观。

艺术作品中常常运用符号、象征和隐喻来表达作者的观点和意图。个体通过对作品中符号和象征的解读和理解，能够深入思考其中的道德含义和道德冲突。例如，一幅表现社会不公的绘画作品，通过绘画的符号和形象来呈现社会的不公平现象，引发观众对社会正义和道德责任的思考和反思。这样的作品促使个体对道德观念进行深入探讨，并进一步形成对社会道德问题的关注和参与。

（三）通过创造和分享艺术作品，推动社会的文化和道德发展

艺术创作和欣赏作为社会行为，不仅在个体层面具有重要意义，也在社会层面推动了文化和道德的发展。通过创造和分享艺术作品，社会能够享受到艺术的美感和情感共鸣，同时推动社会价值观和道德理念的传播和讨论。

艺术作品通过独特的形式和表达方式，激发观众的情感共鸣和思考。艺术家通过作品传达的美感和情感，打动观众的心灵，引发共鸣和反思。个体通过欣赏艺术作品，可以感受到美的力量和艺术所传达的情感，从而增强社会的美学意识和美的价值观。艺术作品也成为社会讨论和反思

的话题，引发了对艺术作品背后意义和价值的深入思考。

艺术作品通过展览、演出、媒体等渠道传播到社会中，与观众进行交流和互动。这种传播过程激发了社会对艺术的兴趣和参与，提高了社会对艺术的认知和理解。通过艺术作品的交流和互动，个体和社会形成了共同的艺术体验和情感共鸣，增强了社会的文化认同和凝聚力。

三、美育与创新能力

美育在激发创造思维和创造力方面发挥着重要作用。通过艺术和美的体验，个体可以培养创造思维的能力，并促进创造力的发展。

（一）通过艺术的创造过程培养个体的创造思维

艺术家以非传统、非常规的方式表达自己的思想和情感，挑战常规思维的边界。个体在艺术创作中接触到各种独特和独到的观点和表达方式，这激发了人们自身思考问题时的多样性和创造性。个体通过艺术的启发，学会从不同的视角审视问题，思考更广阔的解决方案。

艺术作品常常涉及想象和虚构的元素，艺术家通过创造出与现实不同的视觉、情感和思维体验来表达自己的艺术观点。个体在接触和欣赏艺术作品时，不仅被艺术家的创意所启发，也被引导去发展自己的想象力。个体的想象力的培养使人们能够超越已有的知识和经验，创造出新的理念和解决方案。

艺术创作过程中，个体需要不断尝试不同的材料、技巧和方法，勇于冒险和面对挑战。人们需要通过实际的实践来验证和完善自己的创意和想法。这种实践中的探索和试错过程培养了个体的创造性思维和行动能力，让人们敢于尝试新的方向和方式。在艺术创作完成后，个体会对作品进行反思和评估，思考作品的意义、效果和可能的改进。这个反思过程促使个体对自己的创作选择、表达方式和艺术目标进行深入思考，不断完善和提升自己的创造能力。个体通过反思和总结，能够汲取经验教训，发展自己的创造性思维。

（二）通过欣赏艺术作品培养个体的创造力

欣赏艺术作品要求个体运用想象力。艺术作品往往以非直观和象征性的方式呈现，需要个体通过自己的想象力去揣摩作品所传达的意义和情感。个体在欣赏艺术作品时，通过观察、思考和联想，能够将自己的想象力应用到作品中，去探索和发现作品的深层含义和创造性的解读。这种想象力的运用激发了个体的创造力，使其能够以独特的视角去理解和赋予作品新的意义。

艺术作品常常具有创新和独特的特点，艺术家通过独到的观察和表达方式展现出自己的创造力。个体在欣赏艺术作品时，不仅是被动接受的过程，更是与作品进行对话和互动的过程。通过与作品的互动，个体可以从中获得新的思维和灵感，激发自己的创造力。艺术作品中的创造性思维和表达方式为个体提供了一个创新和创造的范本，启发人们在其他领域中的创造性思考和创新能力。欣赏艺术作品也能够拓展个体的思维方式和视野。艺术作品常常突破传统的思维边界，通过独特的形式和表达方式呈现出不同的观点和情感。个体在欣赏艺术作品时，需要以开放的心态去接纳和理解多样的艺术形式和表现手法。这种开放的思维方式和视野能够拓展个体的思考范围，使其能够从多个角度去思考和解决问题，促进创造性思维的发展。

（三）通过培养审美情趣和敏感性促进个体的创造力

培养审美情趣和敏感性使个体能够更加敏锐地观察和感知美的细节和特点。艺术作品中蕴含着丰富的形式、色彩、结构和情感，而个体通过欣赏艺术作品的过程中，学会了细致入微地观察和品味这些元素。个体的审美情趣和敏感性使其能够捕捉到作品中微妙的表现方式、独特的构图和情感的流露，从而对艺术作品有更深入的理解和感悟。

个体通过欣赏和鉴赏艺术作品，接触到多样的艺术形式和表达方式，培养了对美的敏感性。这种敏感性使个体能够在创作中发现和探索美的元素，包括形式、色彩、音乐、词语等，进而将其融入自己的创作中。个体通过审美情趣和敏感性的培养，能够更好地表达自己对美的理解和追求，创造出独特而有价值的作品。

艺术作品的多样性和独特性使个体在欣赏的过程中接触到不同的思

想、观点和表达方式。个体通过对艺术作品的欣赏和理解，逐渐形成自己独特的审美观点和价值观。这种审美观点和价值观的形成为个体在创造过程中提供了指导和参考，使其能够更好地表达自己的创造性思维和独特的艺术风格。

（四）通过培养个体的想象力促进创造力的发展

艺术家通过运用独特的形式、色彩、结构和表达方式，创造出超越常规的艺术作品。这些作品打破了常规思维的限制，引发观众的想象力和联想能力。个体在欣赏艺术作品时，通过观察、思考和感受，尝试去理解和解释作品背后的意义和情感。这个过程中，个体的想象力得到了激发和发展，人们能够以非常规的方式思考问题，超越现有的知识和经验，创造出新颖而独特的想法和观点。

艺术创作是一个充满想象力和创造性的过程。个体在参与艺术创作时，需要运用自己的想象力去构思和表达。人们通过观察、思考和实践，尝试将自己的创意和想法转化为具体的艺术作品。在这个过程中，个体不断挑战自己的思维和创造能力，培养了想象力的发展。通过参与艺术作品的创作，个体学会了突破常规和传统的思维模式，勇于尝试新的表达方式和形式，从而培养了自己的创造力。艺术作品中的想象力超越了现实的界限，创造出与现实不同的视觉、情感和思维体验。个体通过欣赏艺术作品，能够接触到这种超越现实的想象力，从中获得新的启发和创意。想象力的培养使个体能够超越已有的知识和经验，开辟新的思维路径，发现新的理念和解决方案。个体通过想象力的运用，能够在各个领域中展现出独特而创新的创造力。

四、美育的效果评价

美育效果评价的任务在于判断美育活动是否达到了预定的目标，即是否成功提升了个体的审美素质。评价这一结果，不仅要通过对个体行为的观察，对其艺术创作的评价，以及对其对美的理解的了解，还要确保评价过程具有公正性和科学性，才能保证评价结果的准确性和有效性。

对于个体行为的观察，可以从个体的日常生活习惯、消费选择、娱乐方式等方面入手，判断其审美素质的改变。例如，一个对艺术有深度理解的人会选择去美术馆而非游乐场所消遣，可能会购买具有艺术感的产品而非纯实用的产品，也可能会更加注重生活环境的美感等。这些都是个体审美素质提升的体现。

　　对于艺术创作的评价，要评价的不仅是技巧的运用，更重要的是创作中所体现的审美素质。例如，作品中是否体现了对美的深度理解，是否有独特的审美视角，是否能够打动人心等。这些都是审美素质的重要体现。

　　理解个体对美的理解，是评价审美素质的另一种方式。这可以通过对个体的访谈，对其日常表述的收集等方式来实现。个体对美的理解可以体现在其对美的定义，对艺术的理解，对生活美感的追求等方面。对美的理解的深度和广度，可以体现出个体的审美素质。

　　在进行这些评价的时候，需要确保评价过程的公正性和科学性。公正性要求评价者在评价过程中保持公正无私，不受个人情感、偏见、利益等因素的影响。科学性则要求评价者遵循科学的原则和方法，确保评价过程的合理性和可靠性。

第二节　美育的策略

美育的策略如图 4-2 所示。

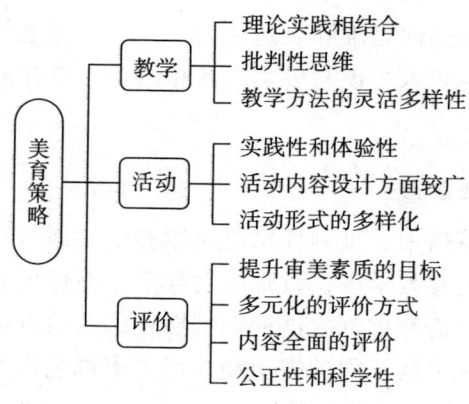

图 4-2　美育的策略

一、美育的教学策略

(一)理论与实践相结合

美育的教学策略中,理论与实践相结合是至关重要的。这一策略旨在将艺术理论知识与实际艺术创作相结合,使学生能够在理解和实践的过程中全面领略艺术之美,提升人们的审美素质和创新能力。

在教授艺术理论知识时,教师应充分利用多媒体教学工具,如图片、视频、音频等,以直观生动的方式呈现艺术作品、艺术史背景、艺术理论等内容。通过展示具体的艺术作品和艺术家的创作过程,学生可以更加深入地了解艺术的内涵和表现形式。这种理论知识的传授不仅限于课堂讲解,还可以通过参观艺术展览、阅读艺术书籍和研究资料等形式进行拓展,使学生有机会接触到更广泛的艺术领域和文化背景。

与此同时,教师应鼓励学生积极参与艺术创作,将所学的理论知识应用于实践中。通过艺术创作的过程,学生可以运用自己的想象力、观察力和表达能力,将理论知识转化为实际的艺术作品。教师应根据学生的兴趣和特长进行个性化指导,为人们提供适当的材料和技术支持,帮助人们发现自我、表达自我。这种实践性的艺术创作不仅培养了学生的审美体验,还促进了人们的创新能力和解决问题的能力。

通过理论与实践的结合,美育教学能够更好地激发学生的兴趣和热情,提升人们的艺术素养和创造力。学生不仅能够通过学习艺术理论知识来扩展自己的艺术视野和审美能力,还能够通过实际的艺术创作来探索和发展自己的创造性思维和表达能力。同时,理论与实践的结合也有助于学生将所学的艺术知识与现实生活相结合,更好地理解和欣赏艺术的意义和价值。

(二)批判性思维

美育的教学策略中,批判性思维是培养学生深入理解和解读美的重要能力之一。在美育教学中,教师应引导学生不仅仅欣赏艺术作品,还要学会对其进行分析和批判。这种批判性思维的培养可以通过提出挑战性的问题,鼓励学生从不同的视角和立场去审视艺术作品,去探讨作品背后的深层意义和社会文化背景。

教师可以通过提出问题来激发学生的批判性思维。这些问题可以涉及艺术作品的表现手法、艺术家的意图、作品所传达的信息等方面。通过提出挑战性的问题，教师能够引导学生思考和解读艺术作品，从而激发人们的批判性思维。例如，教师可以询问学生关于作品所使用的色彩选择的意义，或者探讨作品所传达的情感和社会问题。这样的问题能够引导学生去深入思考和分析作品，从不同的视角去理解其背后的意义和价值。

教师应鼓励学生从不同的视角和立场去审视艺术作品。艺术作品往往有多种解读的可能性，因此，教师应引导学生去拓展自己的思维，从不同的角度来分析和解读作品。学生可以从艺术作品的形式、内容、历史背景、艺术家的经历等多个方面进行分析。通过从多个视角去审视作品，学生能够更加全面地理解和解读艺术作品，培养了人们的批判性思维能力。

教师还可以引导学生探讨艺术作品与社会文化背景的关系。艺术作品往往受到社会、文化和历史的影响，了解作品所处的时代和背景对于深入理解其含义和价值至关重要。教师可以与学生一起探讨作品与当时社会环境、艺术运动、文化观念等的关联，引导学生思考作品与社会文化的互动关系。这种探讨能够帮助学生更好地理解艺术作品的内涵，培养人们的批判性思维和文化意识。

通过培养批判性思维，美育教学能够帮助学生开拓思维，提升对美的理解和评价能力。学生不仅仅是被 passively 接受艺术作品的表面，而是通过批判性思维的训练，能够深入分析和解读作品的意义和价值，发现其中的深层含义。这种能力不仅在艺术领域中有重要作用，也能够推广到其他领域，培养学生的批判思维和分析能力，为其未来的学习和生活奠定坚实的基础。

（三）教学方法的灵活多样性

在美育教学中，教师的教学方法的灵活多样性是满足不同学生学习需求的关键。通过运用各种教学方法，如案例教学、项目教学和工作坊模式等，教师可以提供丰富多样的学习体验，激发学生的学习兴趣和创造力。

案例教学是一种常用的教学方法，通过分析具体的艺术作品，教师可以帮助学生深入了解艺术创作的过程和思想。教师可以选择一些具有代表性和启发性的艺术作品，引导学生对作品进行深入研究和分析。通过案例教学，学生可以了解艺术家的创作动机、艺术作品的背景和意义，进而拓展自己的艺术视野和理解能力。

项目教可以让学生在实际的创作中探索和实践艺术理论和技巧。教师可以提供具体的艺术项目，要求学生根据自己的创意和兴趣进行艺术创作。在项目教学中，学生不仅能够运用所学的理论知识，还能够发展自己的创造力和表达能力。通过实践的过程，学生能够体验到艺术创作的乐趣和挑战，不断提升自己的艺术技能和审美素养。

在工作坊中，教师可以组织学生参与各种艺术活动和讨论，鼓励学生互相交流和分享创作经验。工作坊模式注重学生的参与和合作，通过与他人的合作和交流，学生可以从不同的角度获取新的灵感和观点，拓展自己的思维和创作能力。

通过教学方法的灵活多样性，教师能够满足不同学生的学习需求，激发人们的学习兴趣和创造力。学生可以通过案例教学深入了解艺术作品的背景和意义，通过项目教学实践和探索艺术创作，通过工作坊模式与他人交流和合作，共同成长。这种教学方式的灵活性和多样性能够激发学生的主动性和创造力，为其终身学习和发展奠定坚实的基础。

二、美育的活动策略

（一）实践性和体验性

实践性和体验性是美育活动策略的两个重要特征，它们在学生的审美素质养成中起着关键的作用。实践性与体验性之间存在着密切的联系，它们相辅相成，通过亲身参与的形式，让学生在实际操作和直观体验中获得感知美、理解美的能力。

实践性主要体现在学生的积极参与。美育的本质不仅仅是欣赏美，更是创造美。因此，让学生亲自动手，参与到艺术创作中去，是培养其审美素质的重要手段。在实践中，学生可以运用所学的艺术理论和技巧，通过绘画、雕塑、舞蹈、音乐等艺术形式，表达自己的思想和情感。这种主动创作，可以培养学生的审美感知能力，提升其审美素质。

体验性则是指学生在美育活动中的感性认识。它是通过直观体验，让学生在亲身参与的过程中，通过感官来感知和理解美。这种体验可以是对艺术作品的欣赏，也可以是对艺术创作过程的体验。在这种体验中，学生可以深入感受艺术作品的美感，理解其内涵和意义，从而提升其审美判断能力。

实践性和体验性的结合，是美育活动策略的关键。通过实践，学生可以将理论知识转化为实际技能，通过体验，学生可以从感性认识转向理性认识，从而更深入地理解美、感知美。这种理论与实践、感性与理性的结合，不仅可以提升学生的审美素质，还可以培养其审美创新能力，使其在未来的学习和生活中，能够独立思考，创新表达，从而达到美育的最终目标。

（二）活动内容设计方面较广

在美育教学中，活动的内容设计方面相当广泛。这些活动旨在通过多样的形式和体验，帮助学生接触、理解和欣赏艺术作品，培养人们的艺术技能、审美创新能力，并扩展人们的艺术知识和视野。

首先，观赏艺术作品是一种重要的活动内容。学生通过观赏不同形式和风格的艺术作品，如绘画、雕塑、摄影、音乐、舞蹈等，可以感受到艺术作品的美感，并理解其所蕴含的内涵和情感。观赏艺术作品可以通过展览、演出、影片放映等形式进行，学生可以从中领略到不同的艺术表现形式和艺术家的独特创作风格，进而培养自己的艺术鉴赏能力。

其次，参加艺术创作活动是激发学生创造力和审美创新能力的重要途径。通过参与绘画、雕塑、手工艺等艺术创作活动，学生可以从被动的观赏者转变为主动的创作者，锻炼和提升自己的艺术技能。在创作过程中，学生可以自由发挥想象力、运用所学的艺术知识和技巧，创造出独特而富有个人风格的作品。艺术创作活动不仅能够培养学生的创造力，还能够提升人们的问题解决能力、表达能力和团队合作能力。

此外，访问艺术场馆也是一种丰富多样的活动内容。学生可以参观美术馆、艺术博物馆、画廊等艺术场所，亲身感受艺术作品的展示和呈现方式。通过参观展览，学生可以了解艺术的历史和文化背景，了解不同时期和地域的艺术发展与变化。此外，学生还可以观看导览讲解、参加艺术讲座、与艺术家交流等形式，进一步拓展自己的艺术知识和视野。

（三）活动形式的多样化

在美育教学中，活动形式的多样化是为了增加活动的趣味性和吸引力，激发学生的参与和创造力。

小组活动是一种常见的形式。学生可以分成小组，共同参与艺术创作或探讨艺术作品。通过小组活动，学生可以相互交流和合作，分享创意和技巧，培养团队精神和协作能力。例如，学生可以分成小组进行绘画合作，每个小组成员负责一部分，最后将各部分组合成完整的艺术作品。这样的活动能够激发学生的创造力，并促进人们之间的合作和互动。

角色扮演是另一种活动形式，可以让学生身临其境地体验艺术创作的过程。学生可以扮演艺术家、艺术评论家或者艺术品中的角色，通过角色扮演来理解艺术作品的背后故事和情感。例如，学生可以扮演著名画家，在模拟的创作环境中体验绘画的过程，感受艺术家的创作思维和创作体验。这样的活动能够培养学生的同理心和想象力，帮助人们更深入地理解艺术作品。

艺术节是一个展示和欣赏艺术的重要平台。学校可以组织艺术节活动，让学生有机会展示自己的艺术作品，同时欣赏他人的创作成果。艺术节可以包括各种形式的表演、展览、比赛和讲座等，为学生提供一个展示才华和创造力的机会。这样的活动能够激发学生的自信心和表达能力，同时增强人们的观赏和评价艺术作品的能力。

三、美育的评价策略

（一）提升审美素质的目标

美育的评价策略的主要目标是提升学生的审美素质。传统的评价方法主要侧重于学生对艺术知识和技巧的掌握程度，但审美素质的培养远不仅仅是对知识和技巧的掌握，还包括对美的感知能力、审美判断能力和审美创新能力的培养。因此，在评价过程中，评价者应更加关注学生在这些方面的提升。

审美感知是指学生对艺术作品中所蕴含的美的要素和情感的敏锐感知能力。评价者可以通过观察学生对艺术作品的反应和感受，了解人们是否能够准确地捕捉到作品中的美的要素，如线条、色彩、形状和构图等。评价者还可以观察学生对不同艺术形式和风格的作品的感知能力，包括绘画、音乐、舞蹈等。这样的评价可以帮助学生提高对美的感知和理解能力。

　　审美判断是指学生对艺术作品的品质、价值和意义进行评价和鉴赏的能力。评价者可以通过学生的评论和解释，了解人们对艺术作品的评价标准和判断依据。评价者还可以引导学生从不同的角度和观点去评价作品，培养人们的批判性思维和分析能力。通过这样的评价，学生可以逐渐形成独立、客观的审美判断能力，提升其艺术品位和鉴赏能力。

　　审美创新是指学生在艺术创作中展现出的创新性和独特性。评价者可以观察学生在艺术创作中是否能够表达个人独特的审美观点和创造性的想法。评价者还可以关注学生在艺术创作中运用的技巧和表现力，以及人们对于艺术形式和媒介的探索和尝试。通过对学生创作作品的评价，评价者可以鼓励学生在艺术创作中展现出创新性和独特性，培养人们的创造力和表达能力。评价者通过学生的艺术作品、作品反思和对美的理解等具体成果来考查学生们的审美创新能力。学生的艺术作品是人们创造性思维和审美表达的重要展示，评价者可以评估学生的作品的独特性、创新性和表现力。此外，评价者还可以通过学生的作品反思和对美的理解来了解人们对于自己作品的思考和对美的理解程度。这样的评价能够帮助学生发现自身的创作潜能和进一步提升人们的审美创新能力。

（二）多元化的评价方式

　　美育的评价策略需要采用多元化的方式。观察记录、作品评价和自我评价等不同的评价方式可以从不同的角度来了解学生的审美素质和发展情况。通过综合运用这些评价方式，可以更全面地评估学生的审美感知能力、审美判断能力和审美创新能力的发展水平，从而指导人们的美育学习和发展。

　　1.观察记录

　　评价者可以通过观察学生在美育活动中的表现来了解人们的参与程

度、积极态度和行为表现。观察记录可以包括学生的参与度、合作能力、自我表达和交流能力等方面的观察，从而评估人们的审美感知能力和审美判断能力的发展情况。

2.作品评价

通过评估学生的艺术作品来考查学生们的审美创新能力。评价者可以关注学生作品的独特性、创新性、表现力和技巧运用等方面，以此评估学生的艺术创作能力和审美表达能力。作品评价可以包括艺术作品的实物评估和书面评价，评价者可以通过对作品的观察、分析和评论来评估学生的创造性思维和审美表达能力。

3.自我评价

通过让学生对自己的审美行为进行反思和评估，促进人们的审美判断能力的提升。自我评价可以通过学生书面反思、口头表达或小组讨论等方式进行。学生可以回顾自己的观察和欣赏经验，评估自己在艺术作品理解、评价和创作方面的发展，以及对美的理解和个人审美观点的形成。

（三）内容全面的评价

1.审美行为的评价

评价者应关注学生在美育活动中的参与程度、积极态度和行为表现。这包括学生对艺术作品的观察、欣赏和理解的能力，以及人们在讨论和合作中的参与度和表达能力。评价者可以通过观察记录和参与观察，了解学生在审美感知和审美判断方面的发展情况。

2.艺术作品的评价

通过评估学生的艺术作品，可以了解人们的创造性思维、艺术表达和审美创新能力。评价者可以关注作品的独特性、创新性、表现力和技巧运用等方面，以此评估学生的艺术创作水平和艺术表达能力。

3.对美的理解的评价

评价者应考查学生对美的理论理解和对美学原理的掌握。通过对学生对美的理解和对美学概念的运用进行评价，可以了解人们的审美判断能力和对美的认知水平。评价者可以通过书面作业、口头答辩或小组讨论等形式，评估学生对美学理论的理解和对美的个人观点的形成。

美育的评价内容应全面覆盖学生的审美行为、艺术作品和对美的理解。通过综合评价这些方面，可以全面了解学生的审美素质和发展情况，为人们的美育学习提供有针对性的指导和反馈。评价者应运用观察记录、作品评价和理论评价等多种评价方式，以确保评价的内容全面准确，能够全面指导学生的美育发展。

（四）公正性和科学性

评价的公正性和科学性是美育评价的重要保障。公正性确保评价过程中不受主观因素的干扰，每个学生都能得到公平的评价。评价者应本着公正无私的原则进行评价，避免主观偏见和个人喜好的影响。评价者应客观、中立地评估学生的审美素质，而不受到学生的个人特点、社会背景或其他因素的影响。评价者应确保每个学生都能得到公平的评价，不偏袒任何一方。

科学性评价者应运用科学的评价工具和方法进行评价，以确保评价结果的准确性和有效性。评价工具应符合美育领域的理论基础和评价标准，并经过科学验证和实践检验。评价者应遵循科学的评价程序和方法，确保评价结果具有可靠性和有效性。

第三节　美育实践在审美素质养成中的应用

一、美育实践的形式和内容

（一）美育实践的形式

美育实践的形式广泛，涵盖了许多不同的方面和领域。探究这些形式能帮助人们理解如何通过美育来提升学生的审美素质。同样，这些形式也给学生提供了一个舞台，让人们有机会直接感知美、创造美。美育实践的形式主要有艺术课程、美育活动和艺术创作。如图 4-3 所示。

图 4-3　美育实践的形式

1. 艺术课程

　　艺术课程作为美育实践的主要形式之一，为学生提供了广泛的认识和理解艺术的机会。在艺术课程中，学生可以通过学习艺术的历史、理论和技巧，深入了解艺术的发展脉络和背后的意义。同时，艺术课程也强调实践的重要性，鼓励学生将所学的艺术知识运用到实际创作中。

　　艺术课程的独特之处在于它将理论与实践相结合，为学生提供了一个综合性的平台。通过理论学习，学生可以了解不同艺术形式和风格的特点，探索艺术家的创作思想和创作过程。而通过实践，学生有机会运用所学知识进行艺术创作，发挥自己的创新精神和想象力。这种理论与实践相结合的方式使学生能够将抽象的概念与具体的创作实践相结合，提高人们的艺术素养和创造力。

　　艺术课程的目标不仅仅是学习艺术技巧，更重要的是培养学生的批判性思维能力。在艺术课程中，学生被鼓励思考艺术作品的意义和价值，分析其艺术形式和表达方式。人们需要发展批判性思维，评价艺术作品的优缺点，提出自己的见解和观点。这种批判性思维的培养不仅对于艺术领域有益，也有助于学生在其他学科和日常生活中发展批判性思维能力。

　　艺术课程还为学生提供了一个独特的环境，让人们能够在表达自我、理解他人和探索世界的过程中体验美。通过艺术创作和欣赏，学生能够表达自己的情感和思想，展示个性和创造力。同时，人们也能够欣赏他人的作品，理解不同文化和观点的艺术表达方式，拓宽视野，培养跨文化交流和理解的能力。

2. 美育活动

通过工作坊、讲座、研讨会、展览等形式呈现，为学生提供了实践学习艺术的机会。这些活动旨在鼓励学生积极参与，通过参与其中，学生可以亲身体验艺术的创作过程，进一步提高人们的审美能力和艺术素养。

美育活动的目标是激发学生的兴趣和创造力，鼓励人们积极参与艺术创作和欣赏。通过参与工作坊，学生可以与艺术家和其他同学一起探索不同艺术形式和技巧，开展创作实践。在这个过程中，学生有机会运用所学的知识和技能，发挥自己的想象力和创造力，创作出独特的艺术作品。这种实践性的学习方式不仅让学生深入了解艺术创作的过程，还培养了人们的创新能力和解决问题的能力。

此外，美育活动还为学生提供了与艺术家和专家交流的机会。学生可以参加艺术家的讲座或与人们面对面交流，了解人们的创作思想、艺术追求和经验分享。这种直接的交流与互动可以让学生深入了解艺术创作的背后，拓宽视野，加深对艺术的理解和欣赏。此外，通过参观艺术展览，学生可以接触到各种不同类型和风格的艺术作品，从中获得灵感和启发，培养自己的审美观点和批判能力。

3. 艺术创作

情感和思想的机会。通过艺术创作，学生可以以自己独特的方式创造艺术作品，将内心的想法和情感转化为可见的形式。

艺术创作的过程中，学生需要发挥创新精神，尝试不同的创作方法和表现形式。人们被鼓励思考和探索，寻找新颖和独特的艺术表达方式。这种创新意识的培养不仅有助于学生在艺术领域中取得突破和创新，已会对人们在其他学科和生活中的解决问题能力产生积极影响。

艺术创作还可以培养学生的批判性思维能力。在创作过程中，学生需要思考自己的艺术选择和创作决策，评估和改进自己的作品。人们需要发展批判性眼光，对自己的作品进行评价和分析，思考如何提升作品的质量和表达效果。这种批判性思维的培养对于学生的艺术发展和创作能力提供了重要支持。

通过艺术创作，学生可以表达内心的情感和体验，将个人的情感和感受转化为艺术作品。这种情感的表达和体验有助于学生培养情感智慧，提高人们的情感认知和理解能力。同时，艺术创作也能够激发学生的审美感受力，让人们更敏锐地感知和欣赏美的存在。

（二）美育实践的内容

美育实践的内容涵盖了视觉艺术、音乐艺术、表演艺术等各个领域。这些领域不仅包括传统的艺术形式，如绘画、雕塑、音乐、舞蹈、戏剧等，也包括新兴的艺术形式，如数字艺术、媒体艺术等。如图4-4所示。

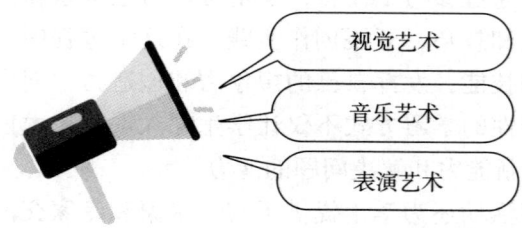

图4-4 美育实践的内容

1.视觉艺术

视觉艺术是美育实践中的核心内容之一，涵盖了绘画、雕塑、摄影等多种形式。通过学习视觉艺术，学生可以掌握视觉元素的运用和表达技巧，如色彩、形状、线条和纹理等。人们将学习如何运用这些元素来创造独特的艺术作品，并通过视觉艺术作品来表达自己的情感、思想和观点。

在学习绘画方面，学生将学习如何运用颜料和画笔来创造不同的色彩效果，如明暗对比、色彩饱和度和色彩层次感等。人们将探索各种绘画技巧，如素描、水彩、油画等，以及绘画的基本原理，如透视和构图。通过不断的练习和实践，学生将提高人们的绘画技能，并培养对视觉艺术的敏感性和欣赏力。

雕塑是另一种重要的视觉艺术形式，学生将学习如何运用不同的材料和工具来塑造三维的艺术作品。人们将学习雕塑的基本技巧，如造型、刻削和组合，以及雕塑作品的结构和比例关系。通过雕塑的实践，学生将培养人们的空间想象力和观察力，同时也提高人们的创造力和表达能力。

摄影是现代视觉艺术中不可或缺的一部分。学生将学习如何运用相机和光线来捕捉瞬间的美丽和情感。人们将学习摄影的基本技巧，如曝光、焦距和构图，以及摄影的表达方式和风格。通过摄影的实践，学生将培养人们对光影、纹理和形式的观察力，提高人们的视觉敏感性和艺术创造力。

2. 音乐艺术

音乐艺术作为美育实践的重要内容，涵盖了声音的创作、表演和理解等多个方面。学生通过学习音乐艺术，可以培养人们的音乐感知和创新能力，以及提高人们的听觉审美。

在音乐的创作方面，学生将学习作曲的基本原理和技巧，包括音乐的结构、和声、节奏等。人们将学会运用乐器或声音工具来创作和编排音乐作品，表达自己的情感和思想。通过创作音乐，学生可以发挥人们的创造力和想象力，探索不同的音乐风格和表达方式。

在音乐的表演方面，学生将学习演奏乐器、歌唱和舞蹈等技巧。人们将通过练习和表演，展示人们的音乐才华和表达能力。音乐表演不仅培养学生的演奏技巧和舞台表现力，还提供了与观众交流和分享音乐的机会，增强学生的表达能力和自信心。

在学习音乐理解的过程中，学生将通过分析音乐的要素和结构，以及了解不同音乐风格和历史背景，来提升他们的音乐欣赏和解读能力。他们将通过倾听各种类型的音乐作品，来提高自己的听觉审美和音乐鉴赏能力。这样的学习过程将帮助他们更深入地理解和欣赏音乐。

3. 表演艺术

表演艺术是美育实践中另一个重要的内容领域，包括戏剧、舞蹈、曲艺等形式。通过表演艺术的学习，学生可以提高人们的表达能力和自我认知，同时也培养人们的社会技能。

在戏剧方面，学生将学习戏剧表演的技巧，包括角色塑造、情感表达和舞台呈现等。人们将通过表演戏剧作品，扮演不同的角色，表达人物的情感和内心世界。通过戏剧表演，学生可以增强人们的表达能力和沟通能力，培养合作与团队合作意识，提高人们的社会技能和情商。

学生将在舞蹈学习中掌握基本的舞蹈动作和技巧，这包括身体的协调性、舞姿的表达以及舞台呈现等。他们将通过舞蹈表演来锻炼和展示自身的身体表达能力和创造力，这不仅可以增强他们的自信心和形象意识，还可以提升艺术表达能力和形体素质。

在曲艺学习方面，学生将掌握各种曲艺表演技巧，如口技、相声、小品等。他们将通过演绎曲艺作品来展示自己的口头表达能力和幽默感。这样的学习和表演过程，不仅可以培养他们的创造力和幽默感，还可以提高他们的口头表达能力和沟通技巧。

通过表演艺术的学习和实践，学生可以更好地理解人类的情感和经验，从而提高人们的审美素质。表演艺术不仅可以培养学生的艺术表达能力，还能够促进人们的个人成长和社交发展。通过参与表演艺术的活动，学生可以发展人们的创造力、自信心和合作精神，同时也能够培养人们的欣赏力和理解力，使人们能够更好地感知、理解和欣赏表演艺术的美。

二、美育实践的效果分析

美育实践的效果可见于学生的审美行为、艺术作品以及对美的理解。审查这些因素有助于评估美育实践的效果。

（一）审美行为的改变

审美行为的改变是衡量美育实践效果的重要指标。学生的审美行为涉及人们对艺术和美的反应以及如何在日常生活中应用艺术和审美原则。具体而言，如果学生开始主动寻找和欣赏美，而不仅仅是在美育课程中涉及艺术，那么可以说美育实践在鼓励学生的审美行为方面取得了成功。

一方面，美育实践可以培养学生对艺术作品的欣赏能力。通过学习和接触不同形式的艺术作品，学生可以逐渐培养出对细节、表现形式和情感传达的敏感性。人们可以开始注意艺术作品中的色彩、线条、形状等视觉元素，并体会其中所传递的情感和主题。人们也能更好地理解艺术家的创作意图，以及作品背后的文化和历史背景。这种对艺术作品的更深入理解和欣赏，反映了学生审美行为的积极变化。

另一方面，美育实践可以培养学生的艺术批评能力。通过学习艺术理论和批评方法，学生能够发展出对艺术作品的批判性思维和分析能力。

人们可以从多个角度审视艺术作品，并能够表达自己对作品的观点和评价。学生的艺术批评能力的提升意味着人们能够更加准确地理解和解读艺术作品，并能够就其艺术质量、创新性和表达效果进行深入思考和评价。

（二）艺术作品的创新性

艺术作品的创新性是评价美育实践效果的另一个重要指标。创新性不仅仅体现在艺术作品的新颖性和独特性上，还包括学生如何利用艺术来表达自我、展示个性，以及将自己的观点、感情和想法融入艺术作品中。

通过美育实践，学生能够在艺术创作中展示自己的创意和独特的表达方式。人们不仅仅模仿已有的艺术形式，而是能够创造出新颖、有个性的作品。创新性的艺术作品反映了学生对艺术的理解和探索，展示了人们对美的独特视角和创造力的发展。艺术创作过程中常常伴随着各种挑战和困难，例如构思的难题、技术的限制、材料的选择等。通过美育实践，学生不仅学会克服这些问题，还能够以创新的方式解决问题。人们展现出灵活的思维和创造性的解决方案，通过艺术创作展示了人们的创新精神和解决问题的能力。美育实践在培养学生艺术作品的创新性方面具有重要的作用。通过提供创作的机会和鼓励学生表达自我，美育实践激发了学生的创造力和想象力。同时，引导学生在创作过程中面对问题时积极寻找解决方案，培养了人们的创新思维和解决问题的能力。通过不断地探索和实践，学生的艺术作品展现出更多的创新性，体现了人们在艺术领域的独特性和创造力的提升。

（三）对美的理解

对美的理解是评价美育实践效果的另一个重要指标。学生对美的理解不仅包括人们对美的定义和价值观，还包括人们如何在艺术作品中发现和创造美，以及如何将美的理念应用于自己的创作和生活中。

学生对美的定义和价值观的深化是美育实践效果的体现。通过美育实践，学生接触到不同类型和风格的艺术作品，思考和讨论艺术的价值和意义。人们通过观察、欣赏和分析艺术作品，逐渐形成了自己对美的独特理解和评价标准。这种对美的定义和价值观的深化反映了人们对艺术的感知和理解的提升。

学生如何在艺术中发现和创造美也是美育实践效果的重要体现。通过参与艺术创作和欣赏活动，学生能够发现和欣赏艺术作品中的美，感受艺术作品所传递的情感和意境。同时，人们也有机会运用自己对美的理解和创造力，创作出表达自己独特观点和情感的艺术作品。学生的创作和欣赏活动中的美的发现和创造，反映了人们对美的理解的深入和实践应用的能力。

美育实践在培养学生对美的理解方面起着重要作用。通过引导学生接触各种形式和风格的艺术作品，让人们思考和探索艺术的本质和意义，美育实践扩展了学生的审美视野，加深了人们对美的理解。同时，通过实践活动，学生有机会运用他们对美的理解，创造出个人独特的艺术作品。这种对美的理解的深化和应用体现了美育实践在培养学生艺术素养和审美能力方面取得的积极效果。

（四）美育活动开展成效分析

1. 学生对 A 大学开展审美活动的感受

A 大学在开展美育活动过程中，致力引领学生学会审美，有能力审美，以及能运用审美，因享受美而能认识美和利用美，成为推动素质教育的人才。调查过程中利用数据分析，进而得出以下论述。

（1）学生对学校开展审美活动的感受不明显。调查数据显示，只有46% 的大学生认为学校重视美育，这表明一部分学生能够感受到学校在进行美育工作，但还有很多学生对学校开展的审美活动的感受并不明显。这说明高校需要加大对美育的宣传和引导，使更多的学生能够意识到美育的重要性。

（2）学生的审美观较为主观。访谈中的学生表示，他们对美有一定的追求和讲究，但是他们的审美带有主观色彩，认为自己的审美观就是美。大部分学生还没有形成正确的审美观，对美育的概念不清晰，容易受到从众心理和盲目跟风的影响。这表明学生的审美意识和审美情感还需要进一步提升和引导。

（3）学生对美育课程的学习效果不一致。在美育课程学习方面，只有 46.4% 的学生认为学校美育课程提升了他们的审美能力和修养，而有一半的学生认为没有得到较好的学习效果。学生对于美育课程的评价存在差异，有的学生觉得课程内容过于理论，缺乏实际应用，而有的学生认为学习过程较为枯燥，影响了他们的情绪。这说明美育课程在教学内容和方法上需要进一步改进，以提高学生的学习体验和效果。

（4）艺术活动对学生的育人效果一般。学生认为在艺术活动中能够体会到艺术带来的视觉效果，但在人文精神与理念上还表现不充分。学生认为现代社会对美的定义多样，仅仅通过美育活动的开展还不足以提升他们的审美能力。此外，学生对于艺术活动中的讲座和活动形式也持有一定的质疑，认为缺乏实质性的帮助和运用。

综上所述，学生对 A 大学开展的审美活动的感受相对较为淡化。学校应加大对美育的宣传和引导力度，加强美育课程的教学内容和方法改进，同时通过多样化的艺术活动形式提升学生的审美能力和人文素养。此外，还应引导学生形成更全面、客观的审美观，提升他们对美育的认识和理解。

2. 学生对 B 大学开展审美活动的感受

B 大学提出文化素质教育的目标是要让学校的毕业生走出校园后，要有学校的人文底蕴、人文精神和人文关怀，同时要具有国际视野成为社会的有用之才。进而得出以下论述。

（1）学生对学校开展审美活动的感受较为淡化。调查数据显示，只有 49% 的大学生认为学校重视美育，这表明近乎一半的学生能够感受到学校进行美育工作，但还有一部分学生没有深切地感受到美育的影响。这说明高校仍需要加大对美育的宣传和引导。

（2）学生追求多元化的社会美。访谈中的学生表示，他们倾向于跟随多元化的社会美，如流行音乐或西方音乐，并热衷于当前短视频的流行，而相对忽视身边的摄影展、画展和花展等艺术文化类展览。学生过分追求功利性、物质性和感官性的体验与消费，在追求美的过程中缺乏理智和辨别力。这与学生长期处于应试教育环境中，对审美的认识还不够深入，通常跟随大众潮流，没有形成正确的审美观。

（3）美育课程学习效果有差异。在美育课程学习方面，约 47.5% 的学生认为学校美育课程提升了他们的审美能力和修养，而约 44.3% 的学生认为能在美育课程中学到一两门技能。学生普遍认为美育课程过于知识化，缺乏情感方面的涉及。有学生认为美育课程只是增加了知识量，而没有提升审美素养；另一些学生认为课程内容枯燥，更多是为了学分而选择。这表明美育课程需要更注重情感培养，提升学生的审美体验和实际运用能力。

（4）艺术活动育人效果一般。学生认为在艺术活动中能够体会到艺术带来的视觉效果，但在人文理念上仍表现不充分。学生对于学校开展的美育活动存在一定的质疑，认为活动过于功利化，更注重形式而忽视美育的意义。此外，学生对于社团活动缺乏专业老师的指导，认为活动过程中的实际指导不足。学生觉得学校的美育活动更多是形式化的内容，缺乏精彩和实质性。这说明学校需要加强对美育活动的策划和组织，提供更具价值和丰富性的艺术活动，同时注重活动的氛围和体验。

学生对 B 大学开展的审美活动的感受相对较为淡化。学校应加大对美育的宣传和引导力度，改进美育课程的教学内容和方法，同时提供更具价值和丰富性的艺术活动，以激发学生的审美能力和人文素养。此外，还应引导学生形成更理性、全面的审美观，培养他们对美育的独立思考和判断能力。

3. A 大学与 B 大学美育活动开展成效的分析

（1）A 大学的美育活动开展成效较为明显。作为一所率先创建"美育学校"的师范院校，A 大学在美育方面有较早的起步和较好的基础。调查结果显示，A 大学的美育理念得到了认可，但近几年对美育的投入相对较少，与德育、智育、体育相比处于弱势状态。尽管如此，A 大学在美育方面的努力还是得到了一部分学生的感知。

（2）B 大学的美育活动开展成效有待提升。B 大学在恢复艺术教育方面有一定的先发优势，但学校美育活动并非缺位，而是以艺术教育作为美育的一部分开展。学校通过各类艺术节、艺术展览活动等提供了活动平台，开展审美教育实践。然而，调查结果显示，大多数学生对学校的艺术教育活动较为了解，但对美育活动的了解较少，说明学校在实施新时代美育理念上还有待完全落实。

（3）学校美育的审美意识、素养、情感和能力等方面存在待提升的问题。学生对美育有一定的感知和理解，但还不够深入，没有将审美感知上升为思维后的意识活动。此外，学生对自身的审美素养表达了进一步提升的需求，认为学校的美育活动未能满足他们的需求。同时，学校在美育活动中注重知识和技能的训练，但缺乏情感体验和满足的重视。学校在美育方面需要进一步推进，帮助学生实现审美理想、转变审美风格并提升审美标准，使美育能力得到体现，并达到审美育人的效果。

A大学和B大学在美育活动开展成效方面存在差异。A大学在美育方面有较早的起步和基础，但近年来投入较少；B大学在艺术教育方面有优势，但对美育活动的宣传和引导还有待提升。学校需要加强对美育的实施，注重培养学生的审美意识、素养、情感和能力，以达到更好的美育效果。

三、美育实践的改进和创新

（一）美育实践的改进

美育实践在不断发展，反映社会的变化以及学生需求的演变。为了更好地提升学生的审美素质，美育实践需要对其教学方法、活动形式和评价方式进行改进。

1.教学方法的改进

在教学方法方面，美育实践需要进行改进和创新，以更好地提升学生的审美素质。传统的教学方法强调教师的讲授和学生的被动接受，而现代美育教学更注重学生的主体性和参与性。

一种改进的教学方法是合作学习。通过小组合作或伙伴学习的方式，学生可以互相交流、分享观点和经验，共同参与艺术创作和欣赏的过程。合作学习鼓励学生之间的互动和合作，培养人们的团队合作能力和沟通能力，同时也促进了人们的审美思维和创造力的发展。另一种改进的教学方法是项目学习。通过以项目为基础的学习，学生可以深入探究一个具体的艺术主题或问题，进行自主的研究和实践。在项目学习中，学生有机会运用各种艺术技巧和知识，通过实际的创作和表演来探索和呈现自己的想法和理解。这种主动参与和自主探索的方式可以激发学生的创造力和解决问题的能力。探究式学习是另一种改进的教学方法。在这种方法中，学生通过提出问题、进行调查和实验，探索艺术现象和原理。人们通过观察、比较、分析和归纳，从而深入理解和认识艺术的本质和意义。探究式学习培养了学生的批判性思维和分析能力，促使人们主动思考和探索艺术的各个方面。

通过改进教学方法，美育实践能够更好地激发学生的主体性和创造性，提高人们的参与度和学习效果。合作学习、项目学习和探究式学习等新的教学方法提供了更多的机会和空间，让学生在实践中发现和创造美，从而提升人们的审美素质。这些方法强调学生的主动性和参与度，培养学生的创造力、批判性思维和问题解决能力，使人们能够更全面地理解和体验艺术。

2.活动形式的改进

在美育实践中，活动形式的改进对于提升学生的审美素质至关重要。传统的美育活动虽然可以提供学生观赏和欣赏的机会，但学生的参与度和创造力受到限制。因此，需要设计新的活动形式来激发学生的主动性和创造力，让人们直接参与到艺术创作和交流中。

艺术工作坊提供了一个开放和互动的学习环境，学生可以在导师的指导下进行艺术创作和实践。工作坊可以涵盖多个艺术领域，如绘画、雕塑、摄影、舞蹈等，让学生通过实际动手的方式来体验艺术创作的过程。在工作坊中，学生可以互相学习、交流和合作，激发彼此的创造力和想象力。通过举办艺术创作竞赛，学生可以展示自己的艺术才华和创造力。竞赛可以设立不同的主题和形式，如绘画比赛、摄影比赛、音乐创作比赛等，让学生在竞争中不断提升自己的艺术水平。艺术创作竞赛不仅激发了学生的竞争意识和动力，也为人们提供了展示自我和获得认可的机会。

此外，艺术论坛也是一种创新的活动形式。艺术论坛可以组织学生和专业艺术家、学者进行交流和讨论，分享彼此的艺术见解和经验。学生可以在论坛中展示自己的作品，向专业人士请教和寻求反馈，从中获得启发和提高。艺术论坛不仅促进了学生与艺术界的互动和交流，也丰富了人们的艺术视野和思维。

通过改进活动形式，美育实践可以提供更多样化和参与度高的体验，激发学生的创造力和创新思维。艺术工作坊、艺术创作竞赛和艺术论坛等新的活动形式为学生提供了更多展示和交流的机会，让人们能够更主动地参与艺术创作和讨论，从而提高人们的审美素质。这些活动形式鼓励学生的自我表达和合作互动，培养了人们的创造力、批判性思维和社交能力，使人们能够更深入地理解和体验艺术的魅力。

3. 评价方式的改进

在美育实践中，评价方式的改变对于更好地提升学生的审美素质至关重要。传统的评价方式，如考试和作品评价，往往侧重于结果和成绩，容易导致学生过分关注分数，而忽视了艺术创作的过程和体验。为了更全面地评估学生的审美素质，需要引入新的评价方式。

一种改变的评价方式是过程评价。过程评价关注学生在美育活动中的参与程度、思考过程和合作能力。评价者可以观察学生在艺术活动中的表现和态度，记录人们的思考和交流过程，了解人们在实践中的努力和成长。过程评价注重学生的实际行动和思维过程，能够更全面地了解人们的审美素质和能力。另一种改变的评价方式是自我评价。自我评价要求学生对自己的艺术创作和表现进行反思和评估。学生可以通过记录和总结自己的创作过程，思考艺术作品的意义和表达方式，评估自己的艺术成果和发展方向。自我评价激发了学生的自主学习和自我认知能力，使人们更加主动地参与美育实践，并提高对自身审美素质的认知。同伴评价也是一种有益的评价方式。通过同伴评价，学生可以互相观察、交流和评价彼此的艺术作品和表现。同伴评价激发了学生之间的合作和互动，帮助人们更全面地认识和理解不同的审美观点和风格。同时，学生也能够从同伴的反馈中获得启发和提升，促进自身的艺术成长和发展。

通过改变评价方式，美育实践能够更准确地评估学生的审美素质，促进人们全面发展。过程评价、自我评价和同伴评价等新的评价方式注重学生的实际行动、自我反思和互动交流，能够更全面地了解和评估学生的审美能力和潜力。这些评价方式不仅帮助学生认识和提高自己的审美素质，也培养了人们的批判性思维、自主学习和社交能力，为其全面发展奠定基础。

（二）美育实践的创新

新的教学理念可以引导美育实践走向更多元化、更开放的方向。例如，以学生为中心的教学理念强调学生的主体地位，鼓励人们积极参与和自主探究；跨学科的教学理念鼓励将美育与其他学科结合，提高学生的综合素质。

新的活动设计可以提高学生的参与度和创新能力。例如，虚拟现实（VR）和增强现实（AR）技术可以为美育活动提供全新的体验，使学生在虚拟世界中亲身体验艺术创作；社区艺术项目可以让学生走出校园，参与到社区的艺术活动中，从而提高人们的社会责任感和团队合作能力。

新的评价模式可以更全面地评估学生的审美素质。例如，学习文件夹评价方式可以记录和展示学生在美育学习过程中的所有成果，包括人们的思考过程、创作过程、合作过程等；多元化的评价方式可以同时考虑学生的知识、技能、态度和价值观，从而更全面地评价人们的审美素质。

第五章　社会环境、家庭教育与学校教育在审美素质养成中的综合影响与互动

在个体的审美素质的培养过程中，社会环境、家庭教育以及学校教育起着至关重要的作用。社会环境，尤其是社会的文化、经济和科技环境，对个体的审美观念和审美行为有深远影响。家庭教育则从早期开始塑造孩子的审美兴趣和习惯，对孩子的审美素质培养具有直接和重要的影响。学校教育则是通过系统的美育教学，提升学生的审美能力和审美素质。本章将详细讨论这三方面的影响和作用，以期为审美素质培养提供更全面的视角。

第一节　社会环境对审美素质的影响

社会环境对个体的审美素质产生了深远影响。这一影响透过多个环境层面呈现，包括社会文化环境、社会经济环境和社会科技环境。每一种环境都以其独特的方式塑造着人们的审美观，引领着审美创新的方向。

一、社会文化环境的影响

社会文化环境对个体的审美素质具有深远影响。这一环境中包括了诸如审美观念、艺术风格、文化传统等元素，这些元素不仅塑造了个体对于美的理解和认识，而且深度影响了个体的审美判断和审美创新。

（一）微观层面

个体的审美观念、艺术风格、文化传统等是在社会文化环境中形成和发展的。

社会文化环境，如同一个多彩的审美舞台，为个体提供了接触和理解多元化美的机会。这个环境中，不同的艺术风格和文化传统相互碰撞、交融，使得个体有机会吸取不同来源的审美养分。西方的现代艺术，例如，强调形式的创新和表达的自由，这种观念影响了个体对于美的自由解读。这是对传统审美观念的一种挑战和颠覆，使得个体在审美过程中更加强调自我，注重个性表达，更有勇气面对未知，尝试新的可能。而东方的传统艺术，强调形式的规矩和内容的内涵，这种观念影响了个体对于美的内在理解。这让个体在审美过程中更加注重探索事物的深层次含义，更加崇尚克制和内敛，更有耐心去研究和细品。

（二）宏观层面

社会文化环境决定了审美的主导趋势。社会的主导审美观念、艺术风格、文化传统等，都是在长期的历史文化发展中形成的。例如，古希腊时期，其人文主义的文化背景，造就了那个时代崇尚完美比例和理想化的审美观念。这种审美观念强调物理形态的完美和理想，追求美的事物必须达到一种理想的标准，这种标准往往与数学比例和几何形态有关。这种审美观念对于整个欧洲文化，乃至整个世界文化都产生了深远影响。

然而，在 21 世纪的今天，因为全球化和多元化的社会文化环境，个体的审美观念变得更为开放和包容，更加重视个性的表达和创新的尝试。全球化使得各种不同的文化、艺术风格相互交融，形成了多元化的审美观念。这种审美观念鼓励个体去发现和接受不同的美，鼓励个体去创新，去尝试不同的审美方式。这种开放和包容的审美观念，使得个体在审美过程中更加自由，更有可能发现和创造新的美。在这样的社会文化环境中，个体不仅可以根据自己的喜好和需求选择接受哪种审美观念、艺术风格、文化传统，也可以通过自己的审美实践来影响和改变这个环境。例如，一些艺术家通过人们的作品，提出了新的审美观念，创造了新的艺术风格，推动了文化传统的发展。这些作品和行为不仅丰富了社会文化环境，也激发了其他个体的审美思考和创新。社会文化环境对个体的审美素质有着重要的影响。这种影响既可以是潜移默化的，也可以是积极主动的。在这个过程中，个体既是审美观念、艺术风格、文化传统的接受者，也是这些文化元素的创造者和推动者。通过对这个环境的理解和运用，个体可以提升自己的审美素质，提高自己的审美判断和审美创新能力。

二、社会经济环境的影响

社会经济环境，包括经济发展水平、生活条件，以及消费观念，都对个体的审美素质具有显著影响。这一影响可以从以下三个方面进行深入探讨。如图 5-1 所示。

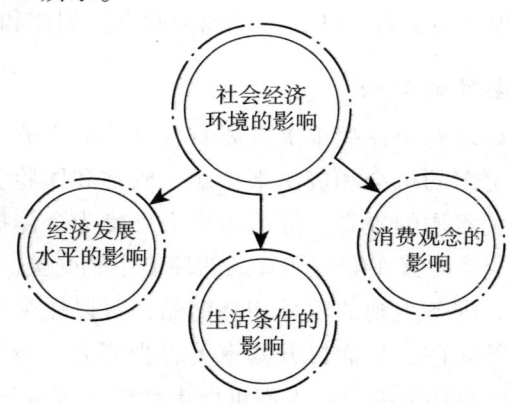

图 5-1　社会经济环境的影响

（一）经济发展水平的影响

经济发展水平对于个体的审美素质有着重要的影响。随着经济的不断发展，人们的物质生活水平不断提高，从基本的生存需求逐渐转向对于生活品质和美好体验的追求。这种物质条件的改善为个体的审美素质提供了更广阔的发展空间。经济发展带来了更丰富多样的艺术和文化资源。在经济繁荣的社会中，艺术和文化事业得到了更多的支持和投资，艺术品的创作和文化活动的举办变得更加丰富多样。个体可以更轻松地接触到各种形式的艺术作品，如绘画、雕塑、音乐、戏剧等，以及参与各种文化活动，如艺术展览、音乐会、舞蹈演出等。这为个体提供了更多的机会去感受、欣赏和理解艺术，培养审美素质。经济发展水平的提高意味着更广泛的教育机会和资源。随着经济的繁荣，教育水平得到提升，人们更加重视教育的质量和多样性。艺术教育作为教育体系的重要组成部分，得到了更多的重视和投入。学校和社会组织开展的美育活动和课程得到了增加，个体有更多的机会接受系统的艺术教育，学习艺术的知识和技能。这种艺术教育的普及有助于个体对美的理解和欣赏能力的培养，提升审美素质。

当物质生活水平提高时，人们的需求不再局限于基本的生存，而是更加注重生活品质和精神层面的满足。个体开始关注生活中的美好体验和情感表达，追求艺术作品所能带来的美的享受。这种对美的需求推动了个体更加积极地参与美育实践，主动地去欣赏、创作和表达美。

（二）生活条件的影响

生活条件的好坏对个体的审美素质有着显著的影响。良好的生活条件为个体提供了更多的机会和资源来接触、欣赏和体验美的事物，从而促进了个体的审美素质的提高。舒适的住宅环境为个体提供了一个良好的生活空间，让个体能够在舒适和宜人的环境中感受美。一个宽敞明亮、布局合理的住宅，配备美观的家具和装饰品，可以让个体在家中感受到美的氛围和温馨的氛围，从而提升其审美感受能力。当个体身处于一个文化设施丰富的社会环境中时，人们可以更轻松地接触到各种艺术形式，如电影、音乐会、剧场演出等。这些文化娱乐活动为个体提供了多样化的艺术体验和欣赏的机会，拓宽了人们对美的认知和理解。

优美的自然环境也对个体的审美素质产生着积极的影响。身处于自然环境中，个体可以欣赏到大自然的壮丽景色、优美的风景和和谐的色彩组合，这些自然美景的观赏和体验可以激发个体的审美感受和想象力，培养其对美的敏感性。

（三）消费观念的影响

消费观念的变化对个体的审美素质产生了深远的影响。现代社会的消费观念已经从简单的物质需求满足转变为更加注重审美价值和个性表达。这种转变反映了社会对美的重视程度的提高，同时也推动了个体对美的理解和追求的变化。

现代社会中，人们不仅仅购买商品满足生活需求，更加关注商品的外观、设计和品位。个体在购买商品时更注重其外观美感、品质和艺术性，这反映了个体对审美素质的追求和要求。个体对美的追求促使了艺术品市场的繁荣，各种艺术形式如绘画、雕塑、摄影等受到更多人的关注和追捧。个体更愿意将艺术品作为消费品，通过购买和收藏艺术作品来满足审美需求，这促进了艺术市场的发展和艺术家们的创作动力。现代社会强调个体的独立性和个性表达，个体在消费过程中更加注重展示个人的独特品位和审美观点。这推动了个体对不同艺术形式和文化产品的探索和尝试，进一步拓宽了个体的审美领域和提高了审美素质。

三、社会科技环境的影响

　　社会科技环境，特别是信息技术的发展，为人们提供了全新的审美空间和审美方式，从而对个体的审美素质产生了深远影响。这种影响可以从以下几个方面进行详细阐述。如图 5-2 所示。

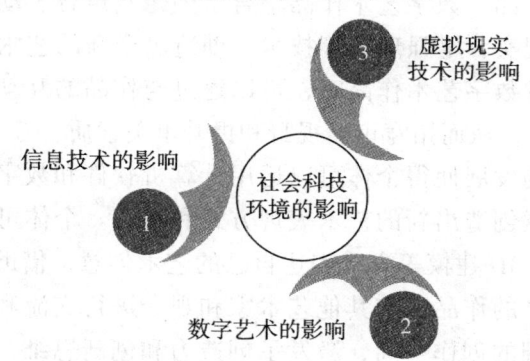

图 5-2　社会科技环境的影响

（一）信息技术的影响

　　信息技术的发展对美育产生了深远的影响。首先，互联网和数字平台为个体提供了更广阔的审美空间。通过互联网，人们可以随时随地通过网络浏览器、移动应用等途径欣赏各种艺术作品、音乐、电影等，探索不同文化背景和艺术形式的美。这大大拓展了个体的审美视野，使人们能够跨越地域和时间的限制，随时接触到丰富多样的艺术内容。社交媒体和数字平台为个体提供了展示和分享自己的审美观点和创作成果的平台。个体可以通过社交媒体平台如微博、微信等分享自己的艺术创作作品，表达自己的审美观点和理解。这种互动和分享的方式不仅让个体更好地展示自己的创造力和审美品位，还可以获得来自其他用户的反馈和交流，从而进一步拓宽个体的审美视野。

最后，信息技术的发展也为美育教学提供了新的工具和资源。教师可以利用数字化的教学平台、多媒体资源、在线课程等来辅助教学，提供更丰富、互动和创新的教学内容。学生可以通过在线学习平台和教育应用程序来参与美育课程，与教师和其他学生进行交流和合作，拓展自己的审美素质。

（二）数字艺术的影响

数字艺术的发展对美育实践产生了深远的影响。数字艺术通过运用计算机技术和数字媒体，打破了传统艺术形式的限制，创造出了更为丰富多样的艺术作品。数字艺术作品融合了图像、声音、动画、互动等元素，通过虚拟现实、增强现实等技术，创造出全新的艺术体验和感知方式。个体在欣赏数字艺术作品时，可以通过与作品的互动和参与，深入体验艺术的魅力，从而拓宽审美视野和提升审美素质。

数字技术的发展使得个体可以运用计算机软件和数字媒体工具进行艺术创作，探索创造出新的艺术表现方式和语言。个体可以通过数字绘画、数码摄影、3D建模等方式表达自己的艺术创意，借助虚拟空间和在线平台分享自己的作品，与其他艺术家和观众进行交流和互动。这为个体提供了更广阔的创作空间，激发了创造力和创新思维，对于个体的审美素质和艺术表达能力的提升具有重要意义。

数字艺术作为一种新兴的艺术形式，为教育者提供了更多的教学资源和方法。教师可以运用数字媒体和虚拟技术来辅助美育教学，通过数字艺术作品的欣赏和创作活动，激发学生的创造力和想象力，培养人们的审美素质和艺术表达能力。同时，数字艺术也为学生提供了更具吸引力和互动性的学习体验，激发了学生的学习兴趣和参与度。

（三）虚拟现实技术的影响

虚拟现实技术通过模拟真实场景和情境，为个体提供了身临其境的艺术体验。个体可以通过虚拟现实设备如头戴式显示器和手柄，进入虚拟世界与艺术作品互动，探索艺术的多维度，感受艺术的魅力。例如，个体可以在虚拟画廊中观赏名画，沉浸在艺术家的创作世界中，感受绘画的纹理和色彩。这种身临其境的艺术体验可以深化个体对艺术作品的理解和欣赏，提高人们的审美素质。

个体可以利用虚拟现实技术进行艺术创作，创造出虚拟的艺术作品和环境。虚拟现实技术的交互性和自由度使个体能够实现更为个性化和创新的艺术表达。个体可以通过虚拟现实设备进行绘画、雕塑、音乐创作等艺术形式，创作出独特的艺术作品。这种新颖的艺术创作方式激发了个体的创造力和想象力，对于培养个体的审美素质和艺术创新能力具有重要意义。

教育者可以运用虚拟现实技术来创建虚拟艺术学习环境，为学生提供更为丰富、互动和身临其境的艺术学习体验。学生可以在虚拟现实环境中参观艺术展览、实践艺术创作，并与虚拟艺术家和其他学生进行合作与交流。这种创新的艺术教育方式可以激发学生的学习兴趣和参与度，提高人们的艺术表达能力和审美素质。

第二节　家庭教育对审美素质的影响

一、家庭教育的内容

家庭教育是孩子审美素质养成的重要途径。家庭教育的内容包括家长对孩子的直接教导、家庭的艺术活动、家庭的艺术环境等。这些能直接影响孩子的审美感知、审美判断和审美创新。如图5-3所示。

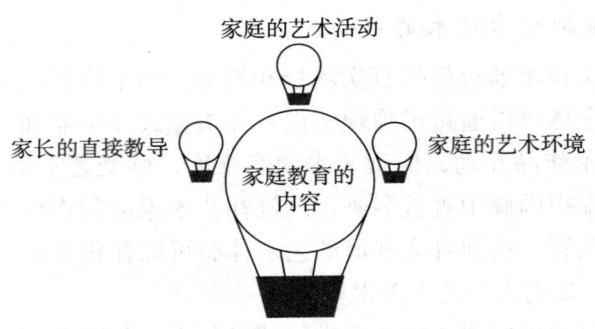

图 5-3　家庭教育的内容

（一）家长的直接教导

家长的直接教导在孩子审美素质培养中起着重要的作用，这体现在两个方面：传授知识和引导思考。

传授知识，特指家长将艺术和美学知识以轻松且吸引人的方式传递给孩子。比如，家长可以选择通过讲故事的形式，将美的概念和价值寓教于乐，使孩子在愉快的情境中感知到美，理解到美的含义和价值。在视觉艺术方面，家长可以引导孩子通过画画，把内心的感受和理解表现出来，从而培养其审美感知和表达能力。在音乐方面，家长可以通过播放不同风格的音乐，让孩子接触到美的多样性，丰富其审美体验。

引导思考，则涉及家长通过讨论、思辨等方式，引导孩子进行审美判断。这一过程中，家长需要鼓励孩子独立思考，对所感知到的美进行自我解读和评价，发表自己的看法和感受。这种引导不仅有助于孩子提升自己的审美判断能力，也能提升其自我表达和批判性思考的能力。例如，观赏一部电影后，家长可以引导孩子思考电影中的美学元素，如镜头语言、色彩搭配、人物塑造等，以及这些元素如何影响电影的整体美感。

通过家长的直接教导，孩子不仅能在家庭环境中接触到艺术和美学知识，还能在家长的引导下形成对美的独立思考和判断，从而促进其审美素质的提升。

（二）家庭的艺术活动

艺术活动在家庭教育中扮演着重要的角色，它们提供了丰富多元的审美体验，有助于培养和提升孩子的审美素质。

艺术活动如手工制作、绘画、音乐表演等，是孩子直接接触艺术、进行审美实践的主要场所。这些活动以亲身体验为主，让孩子在实践中感知美、欣赏美，从而增强对美的直观理解和感受。通过手工制作，孩子可以体验到创造美的乐趣，理解到艺术的多样性和自由性；通过绘画，孩子可以表达对世界的理解，把内心的感受转化为具象的形式；通过音乐表演，孩子可以体验到音乐的魅力，理解到音乐对情感的表达和疏导。

更为重要的是，艺术活动不仅是孩子审美感知和欣赏的过程，也是其实践和创新的过程。在活动中，孩子需要动脑筋思考，动手实践，以实现自己的创作想法。这既可以提升孩子的审美创新能力，也可以锻炼其解决问题的能力和独立思考的能力。

（三）家庭的艺术环境

艺术环境是孩子审美素质形成的重要条件，一个充满艺术气息的家庭环境可以深化孩子的审美体验，激发其审美感知，进一步塑造其审美判断，以及鼓励其审美创新。

从审美感知的角度来看，环境中的艺术元素如墙壁上的装饰画、角落里的雕塑小品，都能够触动孩子的视觉、听觉、触觉等感官，进一步引发对美的感知和理解。这些艺术元素所传递出的审美信息，不仅可以丰富孩子的审美经验，还可以提升孩子对美的敏感度，从而提高其审美感知的水平。

对于审美判断，一个良好的艺术环境可以为孩子提供一个自由开放的舞台，鼓励孩子表达自我、分享对美的看法和感受。在这样的环境中，孩子可以自由发挥，进行多角度、多层次的审美判断，从而形成积极健康的审美态度。

在审美创新方面，良好的艺术环境为孩子提供了丰富的创新素材和无限的创新可能。在这样的环境中，孩子可以发挥想象，尝试各种艺术创新，从而培养其审美创新的能力。

二、家庭教育的效果分析

家庭教育，其效果的检验不仅包括对儿童行为的观察，还应覆盖艺术创作能力的评估和美学理解的深度分析。这三个方面构成了家庭教育对儿童审美素质影响的综合评价体系。

（一）儿童的审美行为

儿童的审美行为如图 5-4 所示。

图 5-4　儿童审美行为

1. 日常行为习惯的塑造

在家庭教育中，儿童的日常行为习惯的塑造对于审美素质的培养有着重要的影响。家庭环境中的艺术元素和家庭成员的行为示范都能够影响儿童的审美行为和观念。

家庭环境中充满艺术元素可以培养儿童对艺术的兴趣和敏感度。如果家庭中有艺术品、艺术装饰品或摆放着音乐乐器等，儿童在日常生活中不断接触到这些艺术元素，会潜移默化地对艺术产生兴趣。人们会开始注意到绘画、音乐、雕塑等艺术形式，对它们产生好奇心，主动与之互动。通过家庭环境的艺术熏陶，儿童可以从小学会欣赏艺术作品，培养自己的审美感受力。

儿童常常模仿家长和其他家庭成员的行为，包括人们对艺术的态度和行为。如果家长和其他家庭成员表现出对艺术的兴趣和重视，积极地参与艺术活动，儿童就会受到鼓励和激励，更容易形成积极的审美行为。例如，如果父母经常带儿童参观艺术展览、音乐会或观看艺术电影，儿童就会感受到家人对艺术的重视，逐渐形成自己的艺术欣赏习惯。

家长可以与儿童一起参观艺术展览、一起创作艺术作品，共同分享艺术体验。这种亲子互动能够激发儿童的好奇心和想象力，培养人们对美的理解和感知。在这个过程中，家庭成员可以与儿童交流、讨论艺术作品，引导人们发表自己的观点和情感，从而培养人们的审美思维和表达能力。

　　2. 审美兴趣和情感反应的培养

　　家庭教育可以对儿童的审美兴趣和情感反应进行培养和引导，帮助人们形成积极的审美行为和正确的审美态度，从而提升人们的审美素质。家庭教育在儿童的成长中扮演着不可或缺的角色，对于塑造人们的审美品位和价值观具有深远的影响。

　　（1）引导情感表达。家长可以与儿童分享自己的情感反应，鼓励人们表达自己对艺术作品、音乐或自然美景的感受。通过鼓励儿童描述人们所看到的美丽之处、感受到的情感或想象出的故事情节，家长可以促使人们更深入地参与和理解艺术，并培养人们对美的敏感度和情感共鸣。

　　（2）提供艺术体验。家庭可以为儿童提供丰富多样的艺术体验，如带人们参观艺术展览、音乐会、戏剧演出等。这样的体验可以让儿童亲身感受到艺术的魅力，并激发人们对不同艺术形式的兴趣。家长在体验过程中可以与儿童分享感受和见解，引导人们对艺术作品进行深入思考和讨论，从而加深人们对艺术的理解和欣赏。

　　（3）鼓励创造性表达。家庭可以鼓励儿童参与艺术创作，如绘画、手工制作、音乐演奏等。这样的创造性活动可以激发儿童的想象力和创造力，并帮助人们表达自己的内心世界和情感。家长可以给予儿童肯定和鼓励，提供积极的反馈，促使人们在艺术创作中体验到乐趣和成就感，从而培养人们的艺术兴趣和审美情感。

　　（4）建立正确的审美价值观。家长在引导儿童欣赏和评价艺术作品时，应注重培养人们正确的审美态度和价值观。家长可以与儿童一同讨论艺术作品中所表达的主题、情感和意义，引导人们形成独立思考和审美判断的能力。同时，家长也可以分享自己对美的理解和价值观，帮助儿童建立积极向上、综合全面的审美观念。

3. 生活环境和生活习惯的塑造

通过家庭环境和生活习惯的塑造，儿童可以在日常生活中不断接触到美，培养审美感知能力、审美判断能力和审美创新能力，从而提升人们的审美素质。

（1）家庭环境的美化。家长可以通过在家中布置艺术品、摆放花卉和装饰品等方式，营造一个美的家居环境。美的家居环境可以让儿童在日常生活中不断接触和感受美，培养人们对美的敏感度和欣赏能力。此外，家长可以选择适合儿童阅读的绘本和艺术书籍，让儿童在阅读中接触到丰富的艺术形式和文化知识。

（2）文化艺术活动的参与。家庭可以积极参与文化艺术活动，如音乐会、美术展览、戏剧表演等。带领儿童参观各种文化艺术场所，让人们亲身感受艺术的魅力和价值。通过参与这些活动，儿童可以观摩和学习到不同的艺术形式和风格，培养人们对多样化艺术表达的兴趣和欣赏能力。

（3）音乐与绘画的培养。家庭可以鼓励儿童学习音乐和绘画。学习音乐可以培养儿童对音乐的感知和欣赏能力，让人们通过演奏乐器或唱歌表达情感。学习绘画可以培养儿童的观察力、想象力和创造力，让人们通过绘画表达自己的思想和感受。通过学习音乐和绘画，儿童可以在艺术实践中培养审美素质，并逐渐形成自己的审美品位。

（4）鼓励创造性思维。家庭可以鼓励儿童进行创造性思维的活动，如搭建积木、拼图、手工制作等。这些活动可以培养儿童的观察力、想象力和创造力，让人们在实践中体验美的创造过程。家长可以与儿童共同参与这些活动，给予人们鼓励和支持，帮助人们培养审美创新和解决问题的能力。

（二）艺术创作能力的评估

艺术创作能力的评估如图 5-5 所示。

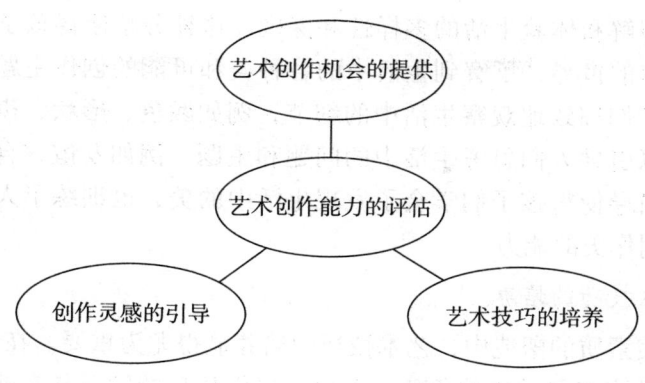

图 5-5　艺术创作能力的评估

1.艺术创作机会的提供

在初始阶段，家庭作为孩子进行艺术创作的最初和最重要的场所，为其提供了多样性的艺术材料和环境。这些材料和环境可以是各种形式和风格的，例如绘画、音乐、舞蹈、戏剧、文学等。这样的环境鼓励孩子们自由探索，尝试各种可能的艺术形式和表达方式，激发人们的想象力和创新思维。

在艺术创作过程中，孩子需要用自己的想象和判断来决定创作的主题、材料和方式。这不仅训练了人们的思考和决策能力，也培养了人们的自信心和自我表达能力。这种能力在未来的学习和生活中都将起到重要的作用。

此外，家长的鼓励和支持对于激发孩子的艺术创作热情至关重要。这种鼓励和支持可以是肯定孩子的创作成果，也可以是耐心听取和指导孩子的创作过程。通过这种方式，家长传递了对艺术创作价值和重要性的认同，这对于孩子形成积极的艺术态度和自我认同感有着深远的影响。

2.创作灵感的引导

灵感往往源自日常生活，而家庭教育就是孩子日常生活经验的重要引导者。通过分享家长的生活体验和见解，或者引导孩子们观察和思考周围的事物，孩子们的创作灵感得以激发。这种引导旨在开阔孩子们的视野，提升人们对生活的敏感度，训练人们的观察力和思考力。

家长可以通过讲述自己的经历和感受，或者解读生活中的人和事，引导孩子理解和体验生活的多样性和深度。这种分享使得孩子们得以了解到更广阔的世界，了解到生活中的各种美和可能的创作主题。家长可以引导孩子们细致地观察生活中的细节，例如颜色、形状、声音、感觉等，也可以引导人们思考生活中的问题和主题，例如友谊、自然、公平等。这种引导使得孩子们学会了发现生活中的美，也训练了人们从生活中找寻和创作美的能力。

3. 艺术技巧的培养

在审美素质的塑造中，艺术技巧的培养显得尤为重要。在这一方面，家庭教育扮演着多元化的角色，表现在提供技巧的学习与实践平台，以及创造积极的学习环境和氛围。

首先，家庭教育可通过直接教授或引导孩子参与艺术活动，辅助其学习和掌握各种艺术技巧。这种教授方式可以让孩子有机会从实践中探索，逐步熟悉和掌握艺术创作的基本元素和技巧，如绘画的笔触和颜色搭配、音乐的节奏和旋律等。这种指导能够将孩子引导至艺术的大门，同时激发其对艺术的热爱和对创作的兴趣。

其次，家庭教育在建立积极的学习环境和氛围方面具有重要影响。通过为孩子提供宽松自由的创作环境，让其在无压力的状态下尝试和实践，可以激发其创新能力，增强其艺术技巧的掌握程度。此外，鼓励孩子进行自我探索和实践，也是提高其艺术技巧的重要手段。自我探索和实践能够让孩子在自我尝试的过程中，发现自己的优点和不足，从而针对性地进行改进和提高。

这两种方式的结合，即直接的艺术技巧教授和建立积极的学习环境，可使得家庭教育在培养艺术技巧方面发挥出重要作用。通过这样的教育方式，不仅能够有效提升孩子的艺术创作能力，也有助于提高其审美素质，更进一步推动其个人成长和发展。

（三）美学理解的深度分析

对于美的理解，涉及美学知识的传授、美学思考的引导以及美学体验的提供，这些都是家庭教育在塑造孩子审美素质方面的重要任务。

1. 美学知识的传授

通过传授美学知识，家长可以为孩子打开一扇通向美的大门，帮助人们建立对美的初步认知和理解。这不仅培养了孩子的审美素质，还为人们今后的艺术学习和创作打下了坚实的基础。其具体做法如图 5-6 所示。

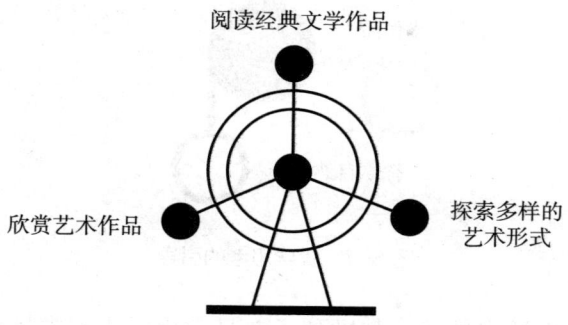

图 5-6　美学知识的传授

（1）阅读经典文学作品。家长可以选择适合孩子年龄的经典文学作品，如童话故事、诗歌、小说等，让孩子通过阅读来感受文学作品中的美学价值和情感表达。通过分析文学作品的语言运用、情节发展和人物形象塑造等方面，帮助孩子理解和欣赏文学的美。

（2）欣赏艺术作品。带领孩子参观美术馆、艺术展览，或者在家中共同欣赏艺术作品。家长可以向孩子介绍艺术作品的背景、风格和艺术家的创作意图，引导人们观察作品的色彩运用、构图结构和表现主题等方面。通过与孩子的互动讨论，帮助人们深入理解艺术作品的美学内涵。

（3）探索多样的艺术形式。引导孩子接触不同的艺术形式，如音乐、绘画、舞蹈、戏剧等。家长可以陪伴孩子参加音乐课程、绘画班或舞蹈学习，让人们亲身体验不同艺术形式的表达方式和创造过程。通过实践和观察，帮助孩子理解每种艺术形式的独特之处，培养人们的审美感知能力和创造力。

2.美学思考的引导

家庭教育在这一环节的任务是培养独立和深入思考美的能力，如图 5-7 所示。

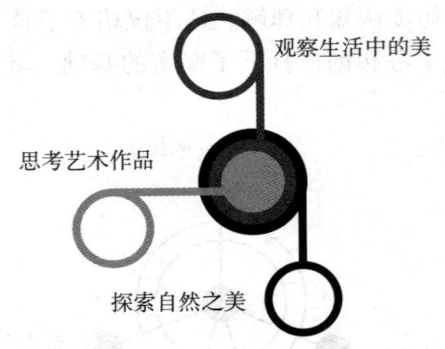

观察生活中的美

思考艺术作品

探索自然之美

图 5-7　美学思考的引导

（1）观察生活中的美。鼓励孩子在日常生活中观察周围的美。家长可以带领孩子走进大自然，欣赏美丽的风景、花草树木等，引导人们发现自然之美。同时，在城市生活中，家长可以鼓励孩子观察建筑物、艺术品、街道景观等，让人们发现城市中隐藏的美。通过与孩子分享观察到的美的细节和感受，帮助人们培养对美的敏感和觉察能力。

（2）思考艺术作品。引导孩子思考艺术作品所传达的意义和美学价值。家长可以提出问题，如艺术家想要通过作品表达什么？作品中有哪些元素构成了美感？孩子可以通过观察和思考，尝试解读艺术作品的内涵和美学意义。家长可以与孩子进行讨论，鼓励人们表达自己的看法和理解，促进人们的美学思考能力的发展。

（3）探索自然之美。带领孩子走进自然环境，与自然互动。例如，观察季节的变化，了解植物的生长过程，欣赏动物的美丽姿态等。通过与自然互动，孩子可以感受到自然界的美和生命的力量，同时也能够体会到人与自然之间的和谐与共生。这种亲身体验和思考可以激发孩子对美的更深层次理解和感悟。

3.美学体验的提供

美学体验是对美的直观感受和内在理解，是提升审美素质的重要环节。家庭教育可以通过旅行、参观艺术展览、体验各种艺术形式等方式，让孩子亲身体验美的存在。这种体验有助于孩子直观地感受美，建立更深层次的美学理解。如图 5-8 所示。

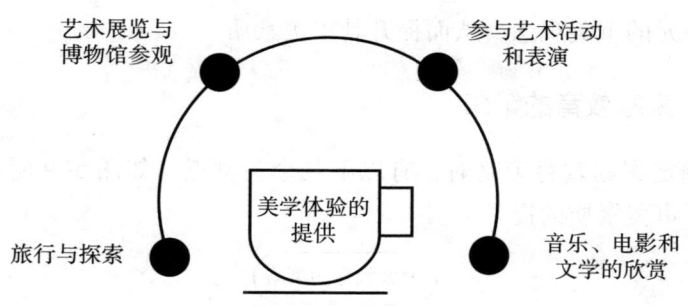

图 5-8 美学体验的提供

（1）旅行与探索。家长可以带领孩子到各种地方旅行和探索，让人们亲身体验不同地域、不同文化所带来的美。通过旅行，孩子可以欣赏到美丽的自然风光、古老的建筑艺术和当地的传统文化。在旅行过程中，家长可以与孩子分享对美景的感受和思考，引导人们观察、思考和感受美的存在。

（2）艺术展览与博物馆参观。带孩子参观艺术展览和博物馆，让人们近距离欣赏艺术作品。家长可以解读作品的意义、背后的故事以及艺术家的创作过程，引导孩子从中体会和理解艺术之美。参观展览还可以让孩子接触到不同的艺术形式和风格，培养人们对多样性的欣赏和理解能力。

（3）参与艺术活动和表演。鼓励孩子参与各种艺术活动和表演，如绘画、音乐演奏、舞蹈表演等。通过亲身参与，孩子可以体验艺术创作的过程，表达自己的创造力和情感，从中感受到艺术的乐趣和意义。家长可以给予孩子鼓励和支持，让人们充分发挥想象力和创造力，培养人们的艺术表达能力和审美体验能力。

（4）音乐、电影和文学的欣赏。通过音乐、电影和文学的欣赏，让孩子感受不同艺术形式所带来的美的享受。家长可以与孩子一起听音乐，看电影，读经典文学作品，共同欣赏艺术的精髓。在欣赏过程中，家长可以与孩子交流对作品的理解和感受，引导人们从中发现和体验美的存在。

通过以上三个环节的努力，家庭教育在孩子审美素质的培养中扮演着重要的角色，使得孩子在理解美、思考美和体验美的过程中，逐步形成丰富多元的审美观念，从而提升其审美素质。

三、家庭教育的策略

在制定家庭教育策略时，有以下几个关键点，如图 5-9 所示，进而促进孩子审美素质的提升。

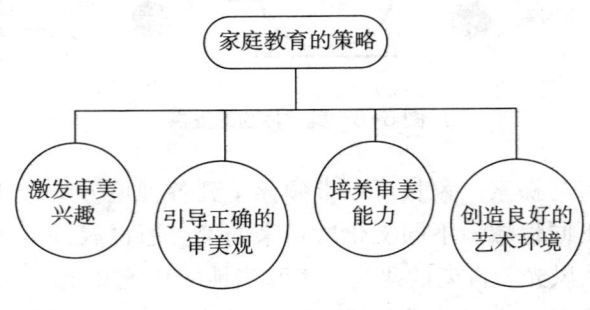

图 5-9　家庭教育的策略

（一）激发审美兴趣

激发审美兴趣的策略是家庭教育的关键。审美兴趣是形成艺术欣赏习惯、发展创新思维和独立审美判断的重要动力。根据孩子的年龄、性格和兴趣，家长可以采用不同的方式和策略来激发孩子的审美兴趣。

以阅读有关艺术的图书为例，图书是开启孩子审美世界的重要途径。有关艺术的图书多种多样，有一些专门为儿童设计，以图片、故事和游戏的形式介绍艺术知识和欣赏技巧，既富有趣味性，又富有教育性。家长可以根据孩子的兴趣和阅读能力，选择合适的图书，引导孩子在阅读中感受和理解美。例如，对于较小的孩子，可以选择包含大量插图和简单故事的图书；对于较大的孩子，可以选择更深入的艺术历史和艺术理论的图书。同时，家长还可以陪伴孩子一起阅读，引导孩子理解和欣赏图书中的艺术元素，提问和讨论，以引发孩子的思考和感受。

观看高质量的艺术电影也是激发审美兴趣的有效方式。艺术电影是多元文化和艺术形式的融合，可以帮助孩子开阔视野，感受不同的审美风格和审美情感。家长可以选择适合孩子年龄和理解能力的艺术电影，引导孩子关注电影中的艺术元素，比如色彩、线条、形状、动作、声音等，理解和感受电影中的审美主题和审美情感。同时，家长还可以引导孩子反思和讨论电影，比如电影的主题是什么，电影如何表达这个主题，电影中的审美元素如何影响观众的感受等，以进一步提升孩子的审美理解和判断。

艺术活动是孩子直接参与艺术创作和欣赏的重要途径，可以提供丰富的审美体验，激发孩子的审美感知和创新思维。家长可以鼓励和支持孩子参加各种艺术活动，比如绘画、雕塑、音乐、舞蹈、戏剧等。在活动中，孩子可以亲手创作艺术作品，感受艺术创作的乐趣和挑战，发挥和培养其创新思维。同时，孩子还可以欣赏和评价他人的艺术作品，感受和理解不同的审美风格和审美情感，提升其审美判断和审美表达。

（二）引导正确的审美观

引导正确审美观的策略在家庭教育中占据着至关重要的地位。审美观是对美的认识和理解，对个体的审美行为和态度产生深远影响。在家庭教育中，家长通过多种方式塑造和指导孩子形成正确的审美观，这对于孩子未来的生活品质、情感富足和人格健全具有深远影响。

尊重和欣赏传统审美价值是引导正确审美观的基础。传统审美价值是人类长期文化历程中积累的艺术和审美经验，对孩子理解和接纳美有重要意义。家长可以通过分享和讨论传统艺术作品，如绘画、雕塑、音乐、舞蹈、文学等，来传递和启发孩子对传统审美价值的认识和欣赏。在此过程中，家长可以引导孩子关注艺术作品的美学元素和审美主题，理解和感受传统审美价值的丰富和深远，以培养其对美的基本认识和敬仰。

开放和包容的态度是引导正确审美观的关键。在多元化的现代社会，各种不同的审美表达方式层出不穷，对美的认识和理解也日益多样化和复杂化。家庭教育应鼓励孩子拥有开放和包容的审美态度，欣赏和理解各种不同的审美表达方式。家长可以通过分享和讨论多元化的艺术作品，如现代艺术、民族艺术、流行艺术等，来开阔孩子的审美视野，激发其对新奇、不同、异域的审美表达方式的兴趣和理解。同时，家长还可以引导孩子反思和讨论不同审美表达方式的特点和价值，理解和接纳不同的审美观念和审美情感，以培养其开放和包容的审美态度

（三）培养审美能力

培养审美能力在家庭教育策略中占据了重要位置。审美能力，包括对美的独立思考能力和创新表达能力，是形成审美素质的重要组成部分。家庭教育通过多元和丰富的方式，如提供艺术创作机会，鼓励孩子对美的独立思考，以培养孩子的审美能力。

提供艺术创作机会是培养孩子审美能力的有效途径。艺术创作不仅可以帮助孩子提高艺术技能，更可以激发孩子的创新思维，培养其独立思考和创新表达的能力。家庭环境应为孩子提供丰富的艺术创作材料和环境，让孩子有机会进行自由的艺术创作。家长可以指导孩子学习艺术创作的技巧，也可以鼓励孩子自由表达自己的想法和感受，以激发其艺术创新能力。此外，家长也可以通过提供艺术创作的反馈和建议，帮助孩子提高创作水平，提升其审美能力。

鼓励孩子对美的独立思考是培养审美能力的关键。审美思考不仅是对美的感知和理解，更是对美的判断和评价。家庭教育应引导孩子进行深入的审美思考，鼓励其对美的独立思考和判断。家长可以通过分享和讨论艺术作品，引导孩子关注艺术作品的审美元素和审美主题，理解和感受艺术作品的美学价值和意义。同时，家长还可以引导孩子进行自由和深入的思考，鼓励其对美的独立判断和评价，以提升其审美思考能力。

（四）创造良好的艺术环境

在家庭教育中，创建一个良好的艺术环境是培养孩子审美素质的重要策略。良好的艺术环境能够让孩子在日常生活中感受和体验美，激发人们的审美感知，从而促进审美素质的发展。

艺术书籍是创建良好艺术环境的重要元素。家庭环境中应当提供各种各样的艺术书籍，包括绘本、图画书、艺术史书籍等，使孩子能够接触到丰富多元的艺术形式和表现手法。阅读艺术书籍不仅能让孩子了解艺术的基本知识和技巧，更能启发人们的审美想象，培养对美的感知和理解。家长可以在阅读艺术书籍的过程中，引导孩子关注书籍中的美学元素，分享对艺术的看法和感受，从而提升孩子的审美感知和思考能力。

艺术玩具也是创造良好艺术环境的有效途径。艺术玩具，如绘画工具、乐器、手工材料等，可以提供给孩子直接的艺术体验，激发人们的艺术兴趣和创造力。通过使用艺术玩具，孩子可以在玩耍中实践自己的艺术想法，发展自己的艺术技能，从而提升审美能力。家长可以为孩子提供丰富的艺术玩具，并鼓励人们自由创作，以培养人们的审美兴趣和创新能力。

艺术装饰是营造良好艺术环境的关键。家庭环境中的艺术装饰，如墙画、雕塑、音乐等，能够营造出充满艺术气息的环境，让孩子在日常生活中感受和体验美，激发人们的审美感知。家长可以根据孩子的兴趣和喜好，为家庭环境选择适合的艺术装饰，让艺术成为家庭生活的一部分，从而培养孩子的审美感知。

第三节　学校教育对审美素质的影响

一、学校教育的内容

学校教育的内容在塑造学生的审美素质方面起到关键作用。以下是几个主要的方面，如图 5-10 所示。

艺术课程　　美育活动　　艺术环境　　艺术项目　　教师角色

图 5-10　学校教育的内容

（一）艺术课程

艺术课程在学校教育中扮演着重要的角色，它为学生提供了系统学习和探索艺术的机会。通过艺术课程，学生可以接触到不同的艺术形式，如音乐、美术、舞蹈、戏剧等，从而拓宽人们的审美领域和视野。在艺术课程中，学生将学习艺术的基本知识、技巧和理论，了解艺术的历史背景和发展脉络。

音乐课程将引导学生学习音乐的基本概念、乐理知识和演奏技巧。学生将通过音乐课程培养对音乐的感知能力，学习欣赏不同类型的音乐作品，培养音乐的表达能力和创造力。美术课程将帮助学生掌握绘画、素描、水彩等绘画技巧，学习艺术构图、色彩运用和创作表达。舞蹈课程将培养学生的舞蹈动作和舞蹈技巧，让人们通过舞蹈表达自己的情感和思想。戏剧课程将教授学生表演技巧、台词演绎和舞台表现，培养人们的表达能力和戏剧创作能力。

艺术课程不仅仅是知识的传授，更重要的是激发学生对艺术的热爱和兴趣。艺术课程注重培养学生的审美情感和审美鉴赏能力，引导人们发现和欣赏美的存在。通过学习不同艺术形式，学生将逐渐培养出对于音乐、绘画、舞蹈、戏剧等艺术形式的敏感度和独特的审美观点。艺术课程也鼓励学生参与创作和表达，让人们通过艺术创作去发掘自己的个性和创造力。

在艺术课程的实施中，教师起着至关重要的作用。教师应该充分了解学生的兴趣和特长，针对不同学生的需求进行个性化的教学设计。人们应该鼓励学生勇于表达和尝试，提供积极的反馈和指导，帮助学生不断提高艺术技能和创作能力。同时，教师还应该引导学生思考艺术的意义和价值，培养人们对艺术的深度理解和批判思维能力。

艺术课程的目标不仅仅是培养学生的艺术才能，更重要的是提升人们的审美素质和人文素养。通过艺术课程的学习，学生将获得审美教育的滋养，拥有更广阔的美学视野和更敏锐的审美感知能力。这将对人们的整体成长和未来的人生发展产生积极而深远的影响。

（二）美育活动

美育活动在学校教育中扮演着重要的角色，它们为学生提供了实践和体验艺术的机会。这些活动以多样的形式呈现，如艺术工作坊、展览参观、艺术节、演出等。通过参与这些美育活动，学生能够直接接触到艺术作品、艺术家和艺术创作的过程，从而深化对艺术的理解和欣赏。

艺术工作坊是一种常见的美育活动形式，它提供了一个亲身参与艺术创作的机会。学生可以在指导老师的带领下，学习艺术技巧和创作方法，实践自己的艺术创意，并与其他学生进行交流和合作。这种实践性的美育活动培养了学生的艺术技能和创造力，激发了人们的艺术表达能力。

学生可以参观艺术展览、博物馆和画廊，欣赏各种艺术作品和文化遗产。通过观赏不同类型的艺术作品，学生能够拓展审美领域，了解不同艺术流派和风格，培养对艺术的鉴赏能力和美的感知能力。展览参观还提供了学生与艺术家和专家交流的机会，让人们更深入地了解艺术创作的背后故事和思考过程。

艺术节和演出是集合了多种艺术形式的综合性美育活动。学校可以举办音乐会、舞蹈演出、戏剧表演等艺术节目，让学生在观赏和参与中感受艺术的魅力。这些活动为学生提供了欣赏优秀艺术作品的机会，培养了人们的艺术审美和欣赏能力。同时，学生也可以参与到演出中，锻炼自己的表演技巧和舞台表现能力，通过艺术的表达与观众进行情感交流。

美育活动的重要性在于提供了直接参与和体验艺术的机会，通过实践和互动培养学生的艺术素养和审美情趣。这些活动不仅丰富了学生的艺术体验，也促进了人们的创造力和表达能力的发展，进一步提高了人们的审美素质和综合素养。学校应该积极组织和开展各种美育活动，为学生提供一个全面发展的艺术教育环境。

（三）艺术环境

学校的艺术环境对学生的审美素质形成和发展起着重要的影响。艺术环境包括建筑风格、室内装饰、公共艺术作品等元素，它们共同营造了学校的美学氛围和艺术气息。

建筑风格是艺术环境的重要组成部分。学校建筑的设计和风格可以通过建筑的线条、形状、颜色等元素来传达美的概念和价值观。一个美观、优雅的校舍建筑不仅提供了舒适的学习和生活环境，还能激发学生对美的感知和追求。学校可以选择与教育理念和艺术主题相契合的建筑风格，通过建筑的艺术性来影响学生的审美观念。

学校可以注重室内装饰的艺术性，选择适合教育目标和学科特点的装饰元素。例如，在教室内部可以悬挂具有艺术价值的图片或艺术作品，摆放富有创意的装饰物，营造出艺术氛围。这样的环境能够激发学生的想象力和创造力，让人们感受到美的存在，培养对艺术的敏感和欣赏能力。学校可以在校园中设置雕塑、壁画、景观艺术等公共艺术作品，为学生提供接触和欣赏艺术的机会。这些作品不仅可以增加学校的艺术氛围，还可以成为学生学习、交流和休憩的场所，激发人们的创造力和艺术灵感。

通过营造一个富有艺术氛围的学习环境，学校可以培养学生对美的感知能力、审美意识和审美情趣，激发人们对艺术的兴趣和热爱。同时，艺术环境也能够促进学生的创造力和创新思维，为人们提供一个自由表达和展示才华的平台。因此，学校应该注重艺术环境的打造和维护，为学生提供一个充满艺术魅力的学习和成长空间。

（四）艺术项目

艺术项目是学校教育中重要的组成部分，通过组织学生参与各种艺术活动和项目，可以有效提升人们的审美素质和艺术技能。以下是一些常见的艺术项目。

1. 剧团

剧团的设立是一种有效的方式，让学生有机会亲身参与戏剧表演和舞台演出。这不仅是一个展示他们演技和创作才能的平台，也是一个训练他们表达能力、团队协作和舞台意识的实践场所。剧团的经历将让学生深入体验戏剧艺术的魅力，理解戏剧的表达方式和情感传递。

2. 合唱团

通过设立合唱团，学校可以为学生提供一个学习和演唱各种音乐作品的环境。这个项目有助于培养学生的音乐感知能力、声乐技巧和团队协作精神。参与合唱团的学生将有机会深入感受音乐的美妙和情感表达，提升音乐欣赏和表演技巧。

3. 舞蹈团

学校可以通过组建舞蹈团，为学生提供一个学习和表演不同类型舞蹈的平台。这个项目将有助于学生提升舞蹈技巧、形体美感和舞台表演能力。参与舞蹈团的学生将有机会感受舞蹈艺术的独特魅力，理解舞蹈的动态表达和情感传递。

4.艺术展览

艺术展览是一个展示学生艺术才华的好机会，他们可以在这里展示自己的绘画、雕塑、摄影等作品。这个项目将有助于提升学生的艺术表达能力和创作技巧。参与艺术展览的学生将有机会与观众互动，分享自己的创作灵感和审美体验。

5.创意设计比赛

学校可以组织创意设计比赛，鼓励学生提供创新的设计作品。这种项目可以激发学生的创造力和想象力，培养人们的设计思维和审美观念。通过参与创意设计比赛，学生可以展示自己的创作才华，并与其他学生进行创意交流和竞争。

（五）教师角色

教师在学校教育中扮演着关键的角色，对学生的审美素质发展起着重要的影响。以下是教师在培养学生审美素质方面的具体作用。

1.榜样示范

教师作为学生的榜样，通过自身的艺术修养和艺术态度，向学生展示对美的理解和欣赏。教师的专业素养和艺术修养可以激发学生的学习兴趣，鼓励人们对艺术进行深入思考和探索。

2.教学引导

教师在艺术课程中担任教学引导者的角色，通过传授专业知识和技能，帮助学生深入理解艺术的内涵和形式。教师可以运用多种教学方法和教学资源，培养学生的艺术感知能力和创作能力，引导人们发展自己独特的艺术风格和审美观点。

3.激发创造力

教师可以通过启发性的教学和激发学生的创造力，帮助人们在艺术领域中展现自己的独特才华。教师可以鼓励学生勇于表达自己的想法和感受，引导人们在艺术创作中展现个性和创新，培养人们的艺术创造力和审美判断力。

4.反馈和指导

教师在学生的艺术作品创作中起到指导和评价的作用。通过给予学生积极的反馈和建设性的指导，教师可以帮助学生不断提升自己的艺术表达能力和技巧，促进人们的审美素质的全面发展。

5.培养艺术欣赏能力

教师可以通过引导学生欣赏各类艺术作品和表演，培养人们的艺术欣赏能力。教师可以组织学生参观艺术展览、音乐会、戏剧演出等，让人们亲身体验和感受艺术的魅力，引导人们对艺术的感知和理解。

教师在学校教育中的角色是多方面的，人们不仅是知识的传授者，更是学生艺术素质发展的引导者和激励者。通过积极地发挥自己的作用，教师可以有效地培养学生的审美素质，引导人们在艺术领域中发展潜力，成为具有艺术修养和审美能力的终身学习者。

二、学校教育效果分析

学校教育对学生的审美素质有着深远的影响。分析其效果，可以从学生的审美行为、艺术作品及对美的理解等多个方面进行。

（一）审美行为

审美行为是每个人对美的独特反应，包含了观赏、欣赏、评价和创造等多个环节，这种反应反映了人对美的主观感知和理解。对学生来说，积极的审美行为体现在对艺术和美的热爱和追求上，这不仅是对美的欣赏，更是对美的思考和探索。

学校教育是培养和激发学生审美行为的重要平台。在学校的艺术课程中，学生接触到各种艺术形式和风格，从古典到现代，从东方到西方，从传统到当代，这些丰富多样的艺术元素为学生打开了一扇通向美的大门。这样的教育方式不仅让学生领略到艺术的博大精深，更使人们学会欣赏和理解不同的艺术风格，形成包容和多元的审美观。学校还通过举办各种美育活动，为学生提供了亲身参与艺术创作的机会。这些活动可以是绘画、雕塑、设计、舞蹈、音乐等各种形式，使学生在创作过程中直接感受和体验美。学生在这个过程中不仅能够将所学的艺术知识运用到实际中，还能够锻炼自己的审美感知和表达能力，发挥自己的创造力，这对于提升其的审美素质是极其重要的。

学校教育通过提供多元的艺术课程和丰富的美育活动，使学生在艺术的浸润和体验中形成积极的审美行为，激发人们对美的感知和欣赏，从而有效提升人们的审美素质。

（二）艺术作品

艺术作品作为审美素质的重要表现，反映了学生对艺术知识的掌握程度、对美的理解和感知能力，以及创新和表达能力。艺术作品是学生自我表达和创新思维的结果，它既能体现学生的审美感受，也能显现人们的审美批判。艺术作品的创作过程也是学生审美能力的培养过程，其中包含了对美的观察、想象、理解和表达。

艺术课程的学习和美育活动的参与，让学生掌握了艺术知识和技巧，而艺术作品的创作则让人们有机会将这些知识和技巧运用到实践中。在创作过程中，学生需要对所学知识进行整合和应用，发挥自己的创新思维和表达能力。这个过程既锻炼了学生的审美能力，也提升了人们的审美素质。

在学校教育中，艺术作品的创作并不仅仅是技术性的操作，更是学生对美的理解和表达的过程。因此，学校应该鼓励学生创作艺术作品，并为人们提供展示和分享的平台。这样不仅能激发学生的创作热情，更能培养人们的审美感知和创新能力。艺术作品的展示和分享，也是学生审美素质的展现和交流，它能进一步促进学生的审美能力的提升。通过艺术作品的创作和展示，学生的审美素质得到了有效的提升。如果学生的艺术作品富有创新和表现力，那就说明学校教育在培养学生的审美素质方面取得了积极的成果。总的来说，艺术作品在学校教育效果分析上具有重要的价值，它不仅是学生审美素质的体现，更是学校教育成果的直接证明。

（三）对美的理解

对美的理解是学生形成审美观的重要基础，它反映了学生对艺术和美的深度思考和理解能力。学校教育在培养学生对美的理解方面发挥着关键的作用。通过教授艺术理论知识和艺术作品的解读，学校教育可以引导学生对美进行深入的理解和解读。

学校的艺术课程通常包含对不同艺术形式、风格、时代的介绍和解读，以及对艺术家、艺术作品的研究和分析。通过学习艺术理论，学生可以了解艺术的起源、发展和内涵，深入理解艺术作品背后的意义和表达方式。这种知识的传授有助于学生形成系统和全面的对美的理解。

学校教育应该引导学生对艺术作品进行深入的观察、分析和解读，帮助人们理解作品所传达的主题、情感和意义。通过学习艺术作品的解读，学生可以发展自己的批判性思维和文化意识，从不同的角度和文化背景来欣赏和解读艺术作品，培养自己独特的审美视角。学校教育应该尊重不同的艺术形式和风格，培养学生对各种美的欣赏和理解能力。学生应该学会欣赏传统艺术形式的价值，同时也要敢于接纳新的艺术表现形式和风格。通过开放的审美观，学生可以更好地理解和评价不同的艺术作品，培养自己的审美品位和批判能力。

如果学生能够对美有深入的理解，从多个角度欣赏和评价美，那就说明学校教育在培养学生的审美素质方面取得了积极的成果。学校教育应该不断加强对美的理解的教育，使学生在审美能力和审美素质的培养中取得更好的成效。通过对美的理解，学生能够更加独立、深入地参与艺术活动和文化交流，为个人的成长和社会的发展做出积极的贡献。

学校教育对学生的审美素质培养效果的分析，应综合考虑学生的审美行为、艺术作品和对美的理解等多个方面。只有在这些方面都取得了积极的成果，学校教育才能说是真正地提升了学生的审美素质。同时，这种分析也可以为学校教育的改进提供参考，帮助教育者更好地理解和满足学生的审美需求，提高审美教育的质量和效果。

三、学校教育的策略

学校教育的策略和建议在培养学生的审美素质方面起着关键作用。为了有效地促进学生的审美能力和素质的提升，学校教育应采取以下策略和建议。

（一）理论与实践的结合

在学校教育中，将艺术理论知识与实际艺术实践相结合是一种有效的策略，可以帮助学生全面地理解艺术的内涵和表现方式。通过理论的学习，学生可以掌握艺术的基本概念、艺术史的发展和不同流派的特点，从而建立起对艺术的认知框架。而通过实际的艺术实践，学生能够将理论知识运用到具体的艺术创作中，进一步加深对艺术的理解和体验。

学校可以组织各种艺术活动，如艺术展览、演出、工作坊等，让学生有机会亲身参与和体验艺术创作的过程。艺术展览可以展示学生的艺术作品，让人们能够与观众互动、分享创作的心得和思考。演出可以让学生参与舞蹈、音乐或戏剧的表演，让人们通过表演来传达情感和理解艺术作品的内涵。工作坊则提供了学生与专业艺术家互动的机会，人们可以从专业人士身上学习艺术技巧和创作方法。

通过这些实践活动，学生可以将抽象的理论知识与实际的创作实践相结合，增强对艺术的感知和理解。人们可以亲身体验艺术创作的过程，理解艺术家的创作动机和思考方式。此外，实践活动也培养了学生的创造力和想象力，让人们能够自由表达自己的想法和感受。

在理论与实践相结合的过程中，学校教育还可以借助现代技术的力量，比如利用虚拟现实技术让学生身临其境地感受艺术作品，或通过数字媒体创作工具让学生进行数字艺术创作。这样的创新教育方式可以激发学生的创造力和想象力，同时也增加了对艺术的互动性和参与度。

（二）传授艺术知识

学校教育应注重传授艺术知识，包括艺术史、艺术理论、艺术形式和风格等方面的知识。通过系统的教学，学生可以了解艺术的发展历程、不同流派和风格的特点，进而培养对美的敏感度和批判性思维。

在学校的艺术课程中，教师可以介绍不同艺术时期的代表性作品和艺术家，帮助学生了解艺术的历史背景和演变过程。通过学习艺术史，学生可以探索不同文化背景下的艺术表达方式，理解艺术与社会、历史、文化的关系，从而拓宽人们的艺术视野。

学校教育还应传授艺术理论的基本概念和理念，如色彩理论、构图原则、艺术表达的意义等。学生通过学习艺术理论，能够更好地理解艺术作品的内涵和表现方式，培养对美的敏感度和理解力。

学校教育还可以引导学生研究不同艺术形式和风格，如绘画、雕塑、音乐、舞蹈等，让人们了解各种艺术形式的特点和表现手法。通过比较和分析不同形式和风格的艺术作品，学生可以培养批判性思维，学会欣赏和评价艺术作品的优缺点，进一步提高对美的理解和鉴赏能力。

传授艺术知识的过程应注重与实际艺术实践相结合。学校可以组织艺术实践活动，让学生运用所学的艺术知识进行创作和实践。通过实际的艺术创作过程，学生能够将理论知识运用到实践中，深化对艺术的理解和应用能力。

（三）鼓励艺术创作

学校教育应鼓励学生进行艺术创作，提供创作的机会和平台，以激发学生的艺术创作热情和创造力。艺术创作是学生发展审美素质的重要途径，通过自主创作，学生可以表达自己的情感、思想和观点，展示个人的艺术才华和创意。

学校可以为学生提供多样化的艺术创作机会，涵盖绘画、音乐、舞蹈、写作等不同形式的创作。学生可以根据自己的兴趣和特长选择适合自己的艺术创作方式。学校可以设立艺术工作室、创意实验室等创作空间，提供艺术材料和设备，让学生有充分的条件进行创作实践。

学校还可以组织艺术作品展览、表演、比赛等活动，为学生展示和分享自己的艺术作品提供平台。艺术作品展览可以是学生个人作品的展示，也可以是集体创作项目的展示，让学生的作品得到认可和赞赏。表演活动可以是音乐会、舞蹈演出、戏剧表演等，让学生通过表演来展现自己的艺术才华和创作成果。比赛活动可以激发学生的竞争意识和创作动力，让人们在比赛中展现自己的才华和创意。

通过鼓励艺术创作，学校教育可以培养学生的创造力、想象力和表达能力。艺术创作可以激发学生的独立思考和创新精神，培养人们的艺术表达能力和问题解决能力。同时，艺术创作也为学生提供了一个自我认知和自我发展的平台，让人们在创作中体验到艺术带来的乐趣和成就感。

（四）培养批判性思维

学校教育应注重培养学生的批判性思维，使人们能够对艺术作品进行深入的理解和解读。批判性思维是指学生通过对艺术作品进行分析、评价和评判，以及对艺术形式、内容和创作背后的意义进行探究和思考的能力。通过培养批判性思维，学生可以发展自己的观察力、分析力和判断力，进而提高对美的理解和欣赏水平。

学校教育可以通过以下策略来培养学生的批判性思维：

1.提供艺术作品的多样化学习材料

学校应提供丰富多样的艺术作品，包括文学作品、音乐作品、绘画作品等，供学生进行学习和分析。学生可以通过阅读文学作品、聆听音乐作品、观赏绘画作品等，从中体会艺术家的创作意图和表达方式，并进行批判性思考和分析。

2.引导学生进行艺术作品的批判性分析

学校可以引导学生学习艺术批评的基本方法和技巧，如分析艺术作品的主题、情感表达、形式结构等方面的要素，评估艺术作品的优劣、独特性和创新性。通过引导学生进行艺术作品的批判性分析，培养人们对艺术作品的深入理解和评价能力。

3.提倡学生展开艺术对话和辩论

学校可以组织学生之间的艺术对话和辩论，让学生分享自己对艺术作品的理解和观点，并与他人进行交流和讨论。这种对话和辩论可以帮助学生从不同角度思考和分析艺术作品，拓宽视野，增强批判性思维和表达能力。

4.鼓励学生独立思考和创新表达

学校应鼓励学生在艺术创作中展现自己的独立思考和创新表达能力。学生可以通过创作个人作品或参与集体创作项目，表达自己的观点和感受，体现独特的艺术创造力。同时，学校也应提供相应的支持和指导，帮助学生在艺术创作中培养批判性思维和创新精神。

培养学生的批判性思维，学校教育可以帮助学生更深入地理解和解读艺术作品，培养人们对美的独立思考和判断能力。批判性思维的培养不仅能提高学生的审美素质，还能促进其综合思维和批判性思维能力的发展，使人们成为具有独立思考和创新精神的艺术爱好者和艺术从业者。

（五）灵活多样的教学方法

学校教育应采用灵活多样的教学方法，以满足不同学生的学习需求，特别是在培养学生的审美素质方面。传统的课堂讲授仍然是学校教育的重要组成部分，但为了激发学生的学习兴趣和提高参与度，学校可以结合其他教学方法，创造出灵活多样的教学环境。

一种常见的教学方法是小组讨论。通过小组讨论，学生可以在互动和合作的环境中分享对艺术作品的理解和观点。可以共同探讨艺术作品的主题、形式和情感表达，交流彼此的想法和观点，从中获取不同的观点和新的见解。小组讨论可以促进学生思维的碰撞和交流，培养其的批判性思维和表达能力。

实践活动也是一种有效的教学方法。学校可以组织艺术创作工作坊、实地考察等实践活动，让学生亲身体验艺术创作的过程。通过实践活动，学生可以发挥自己的想象力和创造力，积极参与艺术创作，提高审美素质和创作能力。实践活动还可以让学生感受和理解不同艺术形式和风格的特点，加深对艺术的理解和欣赏。

学校还可以组织实地考察，带领学生参观艺术展览、美术馆、剧院等艺术机构，让学生近距离接触真实的艺术作品。实地考察可以让学生观察和体验不同艺术作品的真实环境，感受艺术作品的氛围和情感表达，从中获取更丰富的审美体验和理解。

第六章 审美素质评价体系的构建

在审美素质的培养过程中，有效的评价体系占有举足轻重的地位。这不仅是一个衡量个体审美能力的重要工具，更是一个引导和促进审美素质提升的有效手段。本章将深入研究审美素质评价体系的构建，为理解其在审美素质养成中的作用提供全面的视角。

第一节 审美素质评价的必要性

一、评价的目的和意义

（一）审美素质评价的目的

审美素质评价的目的的深入探讨，本质上揭示了其在个体审美发展中所扮演的关键角色。

审美素质评价有助于明确个体当前的审美能力水平。审美素质是个体对美的感知、理解和创造的能力，这种能力的深度和广度，直接影响到个体在生活中的审美体验和创新行为。然而，审美素质是一种抽象而复杂的能力，涵盖了个体对美的认知、情感和创新行为等多个方面，难以通过简单的观察或测试得到全面的了解。因此，审美素质评价的进行，需要采取多元化的方法，如观察法、访谈法、问卷调查法和测试法等，才能全面、准确地揭示个体的审美能力。这一点尤为重要，因为只有了解了个体在哪些方面做得好，哪些方面需要改进，教育者才能提供有效的引导，以帮助个体提升审美能力。

人的审美素质并非一成不变，而是可以通过学习和实践得到改进和提升的。在对个体进行审美素质评价时，可以根据其当前的审美能力水平，以及对美的认知、情感和行为等方面的表现，推测出其未来的审美发展方向。这就像为航船绘制了一张导航图，不仅可以帮助个体明确当前的位置，还可以指示出未来的前进方向。对于教育者来说，这意味着可以根据个体的审美发展方向，制订出更加科学、合理的教育计划，以满足个体的特殊需求，从而更好地推动其审美素质的发展。

（二）审美素质评价的意义

审美素质评价的意义如图 6-1 所示。

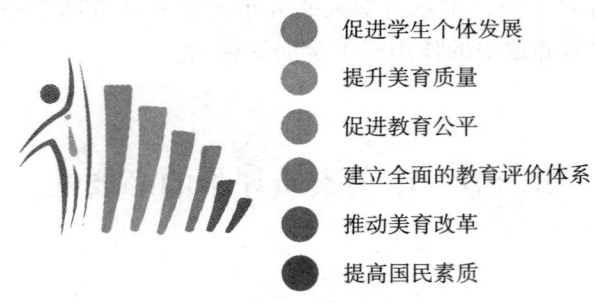

促进学生个体发展

提升美育质量

促进教育公平

建立全面的教育评价体系

推动美育改革

提高国民素质

图 6-1　审美素质评价的意义

1.促进学生个体发展

通过评价学生的审美能力和成长，可以给予学生正面的反馈和鼓励，增强自信心和动力，进而激发学生的积极性。学生在知道自己在审美方面取得进步和成就后，会更加积极地投入美育活动，不断追求更高的审美境界。这种积极性的激发有助于学生的个人发展，培养独立思考和自主学习能力。

通过对学生审美情感的评价和引导，审美素质评价可以帮助其更好地理解和感受艺术作品所传达的情感和意义。学生在欣赏和参与美育活动的过程中，会逐渐培养出对美的敏感性和情感共鸣能力。这种审美情感的培养不仅可以丰富学生的内心世界，也有助于提升情绪管理和情感表达能力。

审美素质评价可以帮助学生建立自我意识和自我评价能力。学生可以进一步了解自己在审美领域的优势和不足，从而形成对自己的准确认知。这种自我意识的建立可以促使学生更好地认识自己的兴趣和特长，进而为个人发展和职业规划提供指导。同时，学生也可以通过自我评价和自我反思，发现自身的不足之处并加以改进，提升自己的审美能力和素质。

通过对学生的审美成果和努力的肯定，可以增强学生对自身的认同感和自尊心。学生在审美活动中不仅能够发现自己的审美潜能和价值，还能够体验到艺术创作和欣赏的乐趣，进而形成对自身的积极评价和自我肯定。这种自我价值意识的培养有助于学生的心理健康和自我成长。

2.提升美育质量

审美素质评价可以了解美育活动的有效性。评价结果可以揭示出美育活动在激发学生的审美兴趣、培养艺术能力和情感表达能力等方面的成效。这种了解有助于评估美育活动的有效性，为制定更加科学合理的美育方案提供依据。

通过评价结果，可以了解到学生对美育活动的反应和感受，从而了解活动中存在的问题和不足之处。这种反馈可以帮助美育教师和组织者了解学生的需求和期望，进一步调整和改进美育活动的设计和实施方式。通过不断改进和优化，可以提高美育活动的吸引力和参与度，增强学生的学习效果和体验感。

美育活动的目标是培养学生的审美能力和素质，评价结果可以反映出学生在审美方面的成长和发展。这种评判依据可以帮助美育教育机构和相关部门评估美育的成果和质量，并根据评价结果制定相应的政策和措施。通过建立科学的评价体系，可以推动美育的持续改进和提高。通过评价学生在审美方面的发展，可以了解到美育在培养学生的创造力、思维能力和情感表达能力等方面的贡献，从而加强美育在教育体系中的地位和重要性。

3. 促进教育公平

促进教育公平是审美素质评价的重要意义之一。通过公正、公平的评价方法，审美素质评价可以确保所有学生都有平等的学习和发展机会，避免个体差异和环境差异对教育公平性的影响。

每个学生在审美能力和审美兴趣方面都有其独特的特点和潜力。通过公正的评价方法，可以客观地了解每个学生的审美水平和潜能，并根据其个体差异制定相应的教育措施。不同学生的需求和潜力都能得到充分的关注和发展，避免了因为个体差异而导致的教育不公平。

审美素质评价可以纠正环境差异对学生发展的影响。不同的家庭和社会环境对学生的审美素质有着不同的影响。有些学生由于家庭条件或社会资源的不足而受到限制，无法获得良好的美育机会。通过公平的评价，可以客观地评估学生的审美水平，避免环境差异对评价结果的影响，确保学生在评价中受到公平对待，实现教育公平。

审美素质评价的目的是帮助学生提升其审美能力和素质，不仅仅是对学生进行评判，而是为他们提供均等的发展机会。通过评价结果，可以了解学生在审美方面的发展情况，从而制定个性化的教育方案和支持措施，帮助学生充分发挥潜力，实现个体发展的均等机会。

通过公正、公平的评价，可以建立一个公正的教育环境，强调个体的能力和潜力而不受其他因素的干扰。这样可以消除学生之间的不平等竞争和不公正现象，为所有学生提供公平的教育机会，使其能够在审美素质的发展中享受到公平的待遇。

4. 建立全面的教育评价体系

审美素质评价的引入为教育评价体系增加了新的维度，使评价体系更加全面和完善。以下是审美素质评价对于建立全面教育评价体系的意义的扩写。

传统的教育评价主要关注学生的知识和技能层面，而忽视了审美领域的重要性。审美素质评价关注学生的审美能力、审美情感和审美态度。审美素质评价将审美能力纳入评价范畴，可以全面了解学生在审美方面的发展状况。这样，评价体系能够更全面地了解学生的个体特点和全面素质，为教育提供更具针对性的指导和支持。

教育的目标不仅仅是培养学生的知识和技能，还包括培养学生的审美能力、情感表达和创新思维等方面。审美素质评价的引入使得教育目标更加全面和多元化，能够全面了解学生在审美领域的发展情况，推动学生全面素质的培养。

审美领域是多元化、主观性较强的领域，传统的单一评价方式往往难以全面评估学生的审美能力和素质。审美素质评价通过引入多种评价手段和工具，如观察记录、作品展示、口头表达等，可以全面了解学生的审美表现和创造力，更加准确地评估学生的审美素质。每个学生在审美领域都有自己独特的特点和潜力，传统的评价方法往往无法准确地评估学生的个体差异。审美素质评价通过关注个体的审美能力和表现，为教育评价提供了更多个性化的评价指标和方法，使评价更贴近学生的需求和潜力，更能充分发掘和发展学生的个体优势和特长。

5. 推动美育改革

传统的美育评价往往侧重于结果和成果，而忽视了学生的审美发展和个体差异。审美素质评价强调学生的审美能力、情感体验和创造力等方面，使对美育的理解更加全面和深入。这种深化的理解有助于推动美育改革，使其更加符合学生的需求和发展。

审美素质评价强调学生的主体地位，关注他们的审美需求和个体差异。评价不仅仅是对学生的审美能力进行量化和评判，更是为学生提供发展的指导和支持。这种关注学生实际需求和主体地位的评价方式有助于推动美育改革，使其更加关注学生的整体发展和个性化需求。

审美素质评价强调学生的参与和体验。审美素质评价通过关注学生的审美体验和参与过程，强调他们的情感表达和创造力，使评价更加关注学生的内在体验和发展潜力。这种注重学生参与和体验的评价方式有助于推动美育改革，使其更加注重学生的主动参与和创造性表达。

传统的美育评价往往以单一的标准衡量学生的成就和发展。审美素质评价通过关注学生的审美能力、情感表达和创造力等多个方面，使美育目标更加多样化和综合化。这种多样化和综合化的评价方式有助于推动美育改革，使其更加注重培养学生的综合素质和创新能力。

6. 提高国民素质

审美素质评价强调对美的认知和理解。通过评价个体在审美能力和审美素质方面的表现，可以促使国民对美的认知更加深入和全面。国民通过学习和实践，能够更好地理解和欣赏各种艺术形式和文化表达，培养审美情趣，提高对美的敏感度和理解能力。

审美素质评价不仅关注个体的审美能力，还关注个体的审美情感和创造力的培养。国民通过参与美育活动和艺术创作，能够培养情感表达和创新思维的能力，提高个体的审美素质和艺术鉴赏能力。

审美素质评价关注不同文化背景下的审美体验和表达方式，通过对多元文化的认知和理解，能够促进文化交流和跨文化理解。国民通过欣赏和理解多元的艺术和文化表达，能够拓宽自己的视野，增进与不同文化之间的沟通和理解。

审美素质评价通过评估个体在审美品位和审美意识方面的发展，能够引导国民形成正确的审美态度和价值观。国民通过培养自身的审美意识和品位，能够提高对美的鉴赏能力，更好地参与到社会文化活动中，推动社会的和谐发展。

二、审美素质评价的基本原则

对审美素质进行评价，无论是在教育还是研究的环境中，都应坚持科学、公正、客观的基本原则，如图 6-2 所示。

科学性原则　　　　公平性原则　　　　客观性原则

图 6-2　审美素质评价的基本原则

（一）科学性原则

1. 保证评价真实性

科学性原则是评价真实性的基础。只有基于科学的理论和方法，才能准确地评价出学生的审美素质，避免主观性和偏见的影响。这需要评价的制定者对审美素质的本质、结构、发展规律有深入的理解，能够把握审美素质的全面性和复杂性。

2.提升评价可信性

科学性原则可以提升审美素质评价的可信性。科学的评价方法能够使评价结果具有可重复性和可预测性，从而使评价结果能够被接受和信任。这需要评价的制定者能够熟练掌握各种评价方法，如量表法、观察法、访谈法等，并根据评价的具体需求选择合适的方法。

3.促进评价公正性

科学性原则有助于实现审美素质评价的公正性。科学的评价体系能够避免因个体差异、环境差异等因素对评价结果的影响，确保所有学生都有公平的评价机会。这对于实现教育公平，促进学生的全面发展具有重要意义。

4.提供评价改进依据

科学性原则可以为审美素质评价的改进提供依据。通过科学的评价，可以了解到评价体系的优点和不足，从而进行有针对性的改进。同时，科学的评价也可以为美育活动的设计和实施提供反馈，使之更加贴近学生的需求，更符合教育的目标。

5.促进美育研究发展

科学性原则有力地推动了美育研究的发展。科学的审美素质评价不仅能够推动美育的实践，还能够为美育的理论研究提供丰富的实证材料，从而推动美育的理论研究和实践的深入发展。

（二）公平性原则

公正性原则在审美素质评价体系中占据核心地位。它要求审美素质评价应当遵循公平、公正的标准和规则，不能偏袒或歧视任何个体。这个原则的实现，确保了审美素质评价的公正性，从而使每一个学生在学习和发展的过程中都能获得公平的待遇和机会。

在设计评价标准和规则时，需要考虑到所有个体的特殊性和多样性。审美素质是多维度、多层次的，它涉及知识、能力、情感、态度等多个方面。每个学生的审美素质都有其独特的特点和发展路径，评价标准和规则必须能够适应这种多样性，才能准确地评价每个学生的审美素质。评价的制定者需要有深厚的专业知识，对审美素质的本质、结构、发展规律等有深入的理解，同时，还需要有开放的思维，能够接纳和尊重个体的差异。

在进行审美素质评价时，需要避免任何形式的偏见和歧视。每个学生都是独特的个体，其审美素质都有其独特的价值。评价的制定者应当保持公正的态度，对每个学生的审美素质进行公平的评价，不能因为个人的喜好、信仰或者其他非专业的因素，而对学生的审美素质进行不公的评价。为了做到这一点，评价的制定者需要有高尚的职业道德，对每个学生都充满尊重和理解。

公正性原则是审美素质评价的重要保障，它保证了每个学生都能在公平、公正的环境中展示和发展自己的审美素质。只有在遵循公正性原则的评价体系中，学生的审美素质才能得到真实、全面的展现，进而才能潜力才能得到充分的挖掘和发展。因此，在设计和实施审美素质评价时，必须始终坚持公正性原则。

（三）客观性原则

客观性原则在审美素质评价体系中起到至关重要的作用。在审美素质评价中，客观性原则的体现需要建立在真实、公正的数据基础之上，不能受到个人偏好或情绪的影响。为了实现这一原则，评价的制定者和执行者需要具备高度的职业操守，并始终保持对被评价者的尊重和理解。

评价的制定者和执行者的个人偏好、情绪等因素会对评价结果产生影响，从而破坏评价的客观性。因此，他们需要通过各种方式克服这些可能的影响。例如，他们可以通过训练提高自己的专业素养，使自己能够在面对各种情况时都能保持公正、客观的态度；他们还可以通过多角度、多方法收集评价数据，以消除或减少个人偏好对评价结果的影响。

在收集和处理评价数据时，评价的制定者和执行者需要尽可能保持准确和全面。他们需要通过科学的方法收集足够多、足够全面的数据，以便在评价时能够全面、真实地反映被评价者的审美素质。这不仅需要他们掌握丰富的评价知识和技能，还需要他们对被评价者有深入的了解和理解。

客观性原则不仅要求评价的制定者和执行者在设计和执行评价时保持公正、客观，还要求他们在处理和使用评价结果时保持公正、客观。他们不能因为评价结果的好坏、高低而改变对被评价者的态度或待遇，也不能因为评价结果的好坏、高低而改变自己的评价标准或方法。

实现客观性原则是审美素质评价的基本要求，也是其成功的关键。只有在遵循客观性原则的评价体系中，被评价者的审美素质才能得到真实、公正的评价，他们的努力和成就才能得到公正的认可，他们的潜力和特长才能得到充分的挖掘和发展。因此，在设计和实施审美素质评价时，必须始终坚持客观性原则。

三、审美素质评价的方法

在审美素质评价中，选择合适的方法至关重要。采用合适的方法不仅能有效地揭示被评价者的审美能力，也有助于提高评价的准确性和公正性。在众多评价方法中，量表法、观察法、访谈法和作品分析法各有其特点和优势，适用于不同的评价目标和环境。如图6-3所示。

图6-3　审美素质评价的方法

（一）量表法

量表法可以提供客观的评价结果。通过使用经过科学设计和验证的量表，评价者可以根据预先设定的标准和指标对被评价者的审美素质进行评估。这种客观性有助于消除主观偏见和个人喜好对评价结果的影响，使评价结果更加可靠和可信。

量表通常包含一系列评价项和评分等级，评价者可以根据被评价者在每个项上的表现进行评分。量表法可以帮助系统地收集和整理评价数据。通过对多个评价项的评分综合分析，可以得出被评价者在审美素质方面的整体得分。这有助于评价者系统地了解被评价者的审美能力和素质，并进行横向和纵向的比较和统计分析。评价结果可以向被评价者和教育者提供有关审美素质的信息，帮助其了解自己的优势和不足之处。通过分析评价结果，可以确定被评价者在哪些方面需要加强或改进，从而制订个性化的教育计划和培训方案，促进被评价者的审美素质发展。

然而，量表法也存在一些局限性。首先，量表法可能忽视被评价者的个性化特征和情境因素。审美素质具有一定的主观性和个体差异，仅通过量表来评价可能无法全面反映被评价者的独特特点和多样化的审美经验。其次，量表法的设计和使用需要注意量表的科学性和效度。选择合适的量表对评价结果的准确性和可靠性至关重要。此外，解读量表结果时需要考虑到量表方法的局限性，并结合其他评价方法和个体背景进行综合分析和解释。

（二）观察法

观察法是评价审美素质的一种方法，它通过直接观察被评价者在实际审美活动中的表现来反映其审美能力的实际运用情况。

观察法可以提供真实和直接的评价结果。通过观察被评价者在实际审美活动中的行为、态度和表现，评价者可以直观地了解到被评价者的审美能力和素质。观察法能够反映被评价者在实际情境下的审美表现，更接近实际应用的需求，有助于评价者全面了解被评价者的审美能力和素质。

审美素质具有一定的主观性和个体差异，而观察法可以更好地反映被评价者在实际情境中的独特特点和多样化的审美经验。评价者可以观察被评价者的审美选择、反应和创作过程，进一步了解他们的审美偏好、思考方式和创新能力。

提供即时反馈和个性化指导。通过观察被评价者的实际表现，评价者可以及时给予反馈和指导，帮助被评价者改进和提升审美能力。评价者可以针对观察结果提供具体的建议和指导，帮助被评价者发现自身的优势和不足，并制订个性化的教育计划和培训方案。

观察法的难度较大，需要评价者具备高超的观察技巧和深厚的专业知识。评价者需要具备敏锐的观察力，能够准确捕捉被评价者的行为和表现，并进行准确的评估。观察结果受到评价者的主观性影响。评价者的个人偏好、情绪和观察偏差等因素都会对观察结果产生影响，在进行观察时，评价者需要保持客观公正的态度，尽量避免个人偏好和情绪的干扰。

（三）访谈法

通过与被评价者进行深入交流和对话，了解其审美经验和审美观念，以发现其深层次的审美素质。

访谈法可以提供深入的理解和信息。通过与被评价者进行访谈，评价者可以主动提问、倾听和探索，以了解被评价者的审美体验、思考过程和审美偏好。访谈法可以深入挖掘被评价者的内心世界，发现其独特的审美观点和个性化的审美经验。在访谈过程中，评价者可以与被评价者进行思想和观念的交流，分享彼此的审美见解和体验。这种互动和碰撞有助于拓展双方的思维和视野，激发新的想法和创新，从而促进被评价者的审美素质的进一步发展。访谈法可以发现被评价者的潜在潜力和发展方向。通过与被评价者进行深入的交流，评价者可以发现其潜在的审美潜能和创新能力，了解其对特定领域的兴趣和热情。评价者可以针对访谈结果提供个性化的指导和建议，帮助被评价者发现自身的优势和发展方向，促进其审美素质的进一步提升。

访谈法需要评价者具备良好的沟通技巧和理解能力。评价者需要善于倾听、提问和引导，以引发被评价者的思考和表达。访谈法需要花费较多的时间和精力。与被评价者进行深入的交流和对话需要充分的时间和耐心，因此在评价过程中需要合理安排时间和资源。

在进行访谈时，评价者应尊重被评价者的个性和独立思考的权利，避免对其产生不必要的引导和压力。评价者应以开放的态度去理解被评价者的观点和经验，并充分尊重他们的个人观点和审美选择。

（四）作品分析法

作品分析法是评价审美素质的一种重要手段，它通过对被评价者的艺术作品进行深入分析和解读，全面、直观地展示其审美能力和审美创新。

作品分析法可以全面反映被评价者的审美能力和创新水平。通过对被评价者的艺术作品进行分析，评价者可以深入了解其创作意图、表现手法、思想内涵等方面的内容，从而评估其审美能力和创新能力。作品分析法可以展示被评价者在艺术创作中的技巧运用、创意表达和审美思维，使评价者对其审美素质有更全面的了解。通过对艺术作品的视觉、听觉、触觉等方面的感受，评价者可以直接感知和体验到被评价者的审美观点和审美情感。作品分析法能够将被评价者的审美体验和创作成果直接呈现给评价者，使评价者能够更加直观地理解和评价其审美素质。

每个艺术作品都具有其独特的创意和风格，通过对作品的分析，评价者可以深入了解作品所要传达的意义和思想，并理解作品背后的创作动机和艺术价值。作品分析法能够帮助评价者尊重和理解作品的独特性，避免过度主观地干预和扭曲作品的真实表达。

作品的评价可能受到评价者的审美观念和偏好的影响。不同的评价者对同一作品有不同的理解和评价，因此在进行作品分析时，评价者需要尽可能避免个人主观性的干扰，尊重作品本身的特点和创作者的意图。作品分析法对评价者的专业知识和分析能力提出了较高的要求。评价者需要具备对作品进行深入分析和解读的能力，以准确评估被评价者的审美能力和创新水平。

在实际的审美素质评价中，不应过分依赖某一种方法，而应根据评价的目标、对象和环境，灵活运用各种方法，以获得全面、真实的评价结果。同时，也需要鼓励被评价者积极参与到评价活动中来，进行自我评价，从而提高评价的真实性和有效性。

第二节 审美素质评价指标的建立

一、评价指标的选择和确定

（一）评价指标的选择

评价指标的选择不仅需要深入反映审美素质的核心构成元素，同时也需要与评价的具体目标和所处环境相匹配。其中涉及的关键因素包括审美素质的构成、评价的目标、评价的环境以及经验和理论的支持。如图 6-4 所示。

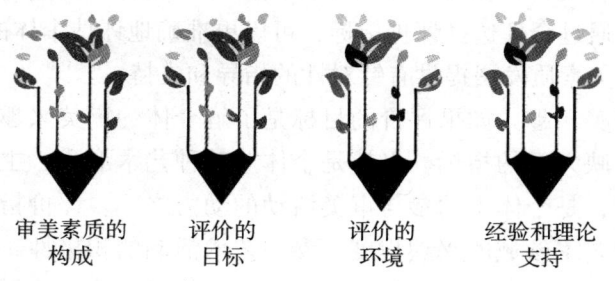

审美素质的　　评价的　　　评价的　　　经验和理论
构成　　　　　目标　　　　环境　　　　支持

图6-4　审美素质评价指标的选择

1.审美素质的构成

审美素质的构成确实包括认知、情感和行为等多个维度。

认知维度是审美素质的重要组成部分。它涉及个体对美的认知能力和理解水平。在评价指标选择时，可以考虑个体的审美知识和理解美的能力。例如，评价个体对不同艺术形式、风格、创作手法等的理解程度，以及个体对美学理论、艺术史、文化背景等相关知识的掌握程度。也可以评估个体的美学思维和批判性思维能力，如个体的分析、评价和解读艺术作品的能力。

情感维度是审美素质的另一个重要维度。它反映了个体对美的情感反应和体验。在评价指标选择时，可以考虑个体对美的情感态度和情感体验。例如，评价个体对美的喜好程度、对美的欣赏能力和敏感度，以及个体对美所产生的情感体验和情感表达能力。此外，也可以评估个体对不同艺术形式和作品所引发的情感反应，如个体对音乐、绘画、舞蹈等艺术形式的情感体验和情感表达能力。

行为维度是审美素质的实际表现和应用。它涉及个体在审美活动中的实际行为和实践能力。在评价指标选择时，可以考虑个体在创造美、欣赏美和参与美的活动中的表现和能力。例如，评价个体在艺术创作中的创新性和表现力，个体在欣赏艺术作品和参与艺术活动中的积极性和主动性，以及个体在艺术实践中的技巧和表达能力。

2. 评价的目标

评价的目标是选择评价指标的重要依据之一。根据评价目标的不同，可以选择适合的评价指标来反映个体的审美兴趣、审美能力和审美素质发展情况。通过合理选择评价指标，可以更准确地评估个体的审美素质，为个体的审美素质发展提供有针对性的指导和支持。

（1）审美兴趣。如果评价的目标是了解个体的审美兴趣，那么可以选择能够反映兴趣的指标。兴趣是个体对某种艺术形式、主题或风格的喜好和偏好，是个体主动参与审美活动的动力之一。评价指标可以包括个体在不同艺术领域的兴趣程度、参与艺术活动的积极性、对特定艺术作品或表演的喜好等。这些指标可以帮助评价者了解个体对不同艺术领域的兴趣倾向和偏好，以及个体在审美活动中的参与度和投入程度。

（2）审美能力。审美能力包括个体对艺术作品的理解、鉴赏和创造能力。评价指标可以包括个体在创造美方面的创新能力、表达能力和技巧水平，以及个体在欣赏美方面的分析能力、解读能力和评价能力等。这些指标可以帮助评价者了解个体在审美活动中的实际能力和表现，以及个体对艺术作品的理解和鉴赏能力。

（3）审美素质发展。审美素质是个体对美的认知、情感和行为的综合表现，是一个相对稳定且能够发展的能力。评价指标可以包括个体对美的认知水平、对美的情感反应和体验能力，以及个体在创造美、欣赏美和参与美的活动中的实际表现和能力。这些指标可以帮助评价者了解个体在不同维度上的审美素质发展情况，为个体的审美素质提供全面的评估和指导。

3.评价的环境

评价的环境对评价指标的选择有重要影响。根据具体环境的特点和教育目标，选择与之相一致的评价指标可以更准确地评估个体的审美素质，并为个体的审美素质发展提供针对性的指导和支持。

（1）学校环境。在学校环境中，教育的重点通常是学习成绩、学科知识和技能的培养。因此，评价指标应与学校教育目标相一致。例如，可以选择学生在艺术课程中的表现和成绩作为评价指标，包括参与度、作品质量、课堂表现等。还可以考虑学生在艺术比赛、展览和演出中的表现作为评价指标，以评估学生在实际艺术活动中的能力和素质。

（2）家庭环境。在家庭环境中，家庭教育的目标通常是培养全面发展的个体。因此，评价指标应与家庭教育目标相一致。例如，可以选择家庭教育环境的指标，如家庭中艺术元素的存在和艺术活动的参与程度。还可以考虑家庭成员对美的态度、家庭艺术氛围以及家庭成员在艺术活动中的互动和支持作为评价指标，以评估家庭对个体审美素质发展的影响。

（3）社会环境。社会环境对个体的审美素质发展也具有重要影响。在社会环境中，评价指标可以考虑社会参与度和社会认可度等因素。例如，可以选择个体在社会艺术活动中的参与程度和表现作为评价指标，如社区艺术项目的参与、公共艺术作品的评价等。还可以考虑个体对社会美的关注程度和社会审美价值观的形成作为评价指标，以评估个体在社会环境中的审美素质。

4.经验和理论支持

（1）经验支持。评价指标应基于充分的实证研究和实践经验。通过观察和记录个体在审美活动中的表现，收集相关数据和信息，可以建立经验支持的评价指标。这些指标应基于大量的实际观察和实践经验，确保其具有可靠性和有效性。例如，可以通过观察学生在艺术课程中的参与度、作品质量和表现来评价其审美能力。

（2）理论支持。评价指标应基于相关的审美理论和研究成果。审美领域有许多理论框架和模型，如美学、审美教育理论等，这些理论提供了对审美素质的认知和理解。选择具有理论支持的评价指标可以确保评价的科学性和准确性。例如，可以基于美学理论中的审美认知和情感维度，选择相关的评价指标来评估个体的认知和情感反应。

（3）实践经验支持。评价指标应基于实际的教育实践和专业经验。教育从业者和专家在实际的教育环境中积累了丰富的经验和知识，这些经验和知识可以为评价指标的选择提供指导和支持。通过专业的实践经验，可以发现具有较好效果的评价指标，并根据实际情况进行调整和优化。

（二）评价指标的确定

在审美素质评价体系的构建过程中，评价指标的确定是一个反复迭代和精细调整的过程。这一过程需要对审美素质的内涵和表现形式有深度的理解，基于此进行全面、科学的评价。

1.明确评价目标

评价目标应具有明确性和可操作性。明确的目标可以帮助评价者确定评价的重点和方向，并提供指导来选择最适合的评价指标。例如，如果评价目标是了解学生的审美敏感度，评价指标包括对美的感知能力、艺术品欣赏水平等。

评价目标应具有具体性，能够明确所要评价的方面和内容。具体的目标可以更好地指导评价指标的选择和使用，确保评价的针对性和有效性。例如，如果评价目标是了解学生的审美创造能力，评价指标包括艺术作品的创造性、独创性和表现力等方面。

评价目标应具备可测量性，即能够通过评价指标进行量化或具体化的方式进行评估和测量。可测量的目标可以使评价过程更具客观性和科学性，确保评价结果的准确性和可比性。例如，如果评价目标是了解学生的审美表达能力，评价指标包括作品的视觉效果、表现技巧等可量化的因素。

2.考虑评价环境

评价环境对评价指标的选择产生影响，因为评价环境反映了评价的背景和目的。确保所选的指标具备足够的实用性和适用性是评价的有效性和准确性的保证。如在学校环境中，教师通常注重学生的艺术技能的培养和发展。在这样的环境下，评价指标更侧重于学生的艺术技能，如音乐演奏水平、绘画技巧、舞蹈表现等。这些指标可以帮助教师了解学生在不同艺术领域的技能水平，从而为其提供有针对性的指导和支持。而在家庭环境中，家长往往更加关注孩子的审美情感和态度的培养。在这样的环境下，评价指标更侧重于孩子的审美兴趣、情感反应和审美态度等方面。例如，可以通过观察孩子对艺术作品的喜好、参与艺术活动的积极程度以及对美的理解和表达等方面来评估孩子的审美素质。

3.理论和实践的坚实基础

论支持可以通过查阅相关的学术文献，深入了解审美素质的理论模型和研究成果。在审美领域，存在许多经典的理论模型，如美学理论、审美教育理论等，这些理论可以提供关于审美素质构成和发展的指导，为评价指标的选择提供理论依据。

通过研究和了解已有的评价指标和方法，可以借鉴和参考已有的实践经验。过去的研究和实践经验已经为人们提供了一些评价审美素质的方法和工具，这些方法和工具经过实践的检验，具备一定的可靠性和有效性。借鉴这些经验在评价指标的选择过程中避免重复劳动，并更加准确地反映个体的审美素质。教育工作者和艺术家通过与学生和观众的互动，对审美素质有着丰富的实践经验。他们可以从实际的教学和艺术创作中获得关于评价指标的反馈，了解哪些指标更具实用性和可操作忹。这些实践经验能够为评价指标的确定提供宝贵的指导，并在实践中不断优化和完善。

二、评价指标的权重分配

权重分配是审美素质评价指标中的一个重要环节，价指标的权重分配需要综合考虑指标的重要性和贡献度。评价者根据评价目标、经验和理论知识来确定指标的重要性，而通过数据分析和统计方法来确定指标的贡献度。通过合理的权重分配，可以准确地反映各个指标在评价结果中的相对重要性，从而提高评价的准确性和可信度。

（一）指标的重要性

不同的评价目标会对不同的指标有不同的重视程度。评价者需要考虑每个指标在实现评价目标中的地位和角色，并根据经验和理论知识来确定各个指标的重要性。例如，在评价学生的审美素质时，如果审美创新能力被认为是最重要的，那么在权重分配上应给予该指标更高的权重。这种决策需要评价者对评价目标和评价指标有深入的理解和把握。

（二）指标的贡献度

在评价结果中，各个指标对整体评价结果的影响力。贡献度高的指标意味着它在评价结果中起到较大的作用，能够对被评价者的审美素质做出更准确的预测。贡献度的确定需要通过数据分析和统计方法来进行，以确保评价结果的准确性和可靠性。评价者需要依据数据分析的结果来确定各个指标的贡献度，并相应地分配权重。这样可以确保各个指标在评价结果中的权重反映了它们在预测审美素质方面的实际贡献。

（三）权重分配的注意事项

权重分配应遵循总和为一的原则。所有评价指标的权重总和应为一，这样可以确保评价结果的相对性和可比性。通过将权重归一化，可以确保各个指标在评价结果中的贡献度得到正确的反映。例如，如果有三个指标，它们的权重分别为 0.4、0.3 和 0.3，那么它们的权重总和为一，表示它们在评价结果中的相对重要性。

权重应准确地反映指标的重要性和贡献度。权重的分配应基于评价目标的设定和评价者的专业判断，以确保各个指标在实现评价目标中的地位和角色得到准确反映。通过数据分析和统计方法来确定指标的贡献度，以确保各个指标在评价结果中的影响力得到准确评估。评价者需要综合考虑理论知识、经验和数据分析结果，以准确地确定指标的权重分配。

权重分配需要根据教育环境和评价目标的变化进行调整。随着教育环境的变化和评价目标的调整，评价指标的重要性和贡献度发生变化。因此，定期对权重分配进行评估和调整是必要的，以确保评价体系的适应性和有效性。这可以通过定期的评估和反馈机制来实现，以及与相关教育专家和从业者的讨论和合作。

三、评价指标的有效性验证

评价指标的有效性验证是评价过程中的一个关键环节。通过有效性验证，可以确认评价指标是否能真实、准确地反映被评价对象的审美素质，从而确保评价结果的可信度。

指标有效验证的过程主要有如图 6-5 所示的几个步骤。

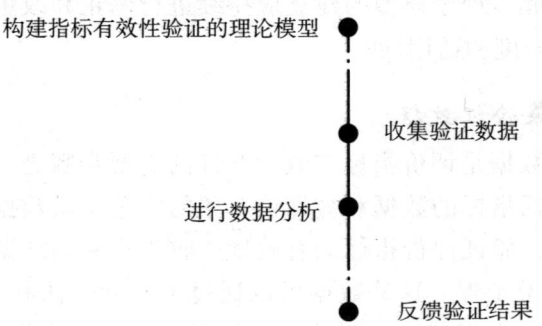

构建指标有效性验证的理论模型

收集验证数据

进行数据分析

反馈验证结果

图 6-5　评价指标的有效性验证

（一）构建指标有效性验证的理论模型

构建指标有效性验证的理论模型是评价体系建设的重要步骤之一。该模型建立了指标与被评价对象的审美素质之间的联系，从理论上预测了指标与审美素质之间的关系。

首先，构建理论模型需要基于专业知识和实证研究。通过深入研究相关领域的理论框架和文献资料，可以深入了解不同维度的审美素质及其测量方法，以及指标与审美素质之间的关联关系。例如，通过文献综述和专家讨论，确定认知维度的指标包括对艺术作品的理解和分析能力，情感维度的指标包括对美的情感反应和喜好程度，行为维度的指标包括参与艺术活动和创作的能力等。同时，实证研究可以提供数据支持，验证理论模型的准确性和可靠性。

其次，理论模型应该明确指标与审美素质的关系。通过建立假设或提出研究假说，推测指标与审美素质之间的关联方式。这需要基于理论和经验，合理推断指标在评价对象的审美素质中的作用和贡献程度。例如，假设某个指标与审美创造能力有正相关关系，那么预期在评价对象的审美素质高时，该指标的得分也应较高。这种关系的确定需要理论与实证研究的支持，并且需要通过大量数据的分析和统计方法来验证。

最后，理论模型的建立需要不断地修正和改进。审美素质是一个复杂而多维的概念，评价指标的有效性验证是一个动态的过程。随着理论的进一步深化和实证研究的发展，会发现新的指标或调整已有指标的权重和关系。因此，理论模型的建立应持续进行修正和改进，以确保其与实际情况的契合度和适用性。

（二）收集验证数据

收集验证数据是评价指标有效性验证的重要步骤之一。通过收集大量的数据，包括指标的数据和被评价对象的审美素质数据，进行统计分析和实证研究，验证评价指标的有效性。收集指标的数据是评价指标有效性验证的关键步骤。这些数据可以通过不同的方法和工具进行收集，例如问卷调查、观察记录、测试或测量工具等。在收集指标的数据时，确保数据的真实性、可靠性和有效性。通过使用科学的研究设计和方法，确保样本的代表性和数据的可信度。

收集被评价对象的审美素质数据是评价指标有效性验证的另一个关键步骤。这些数据可以来自被评价对象的作品、创作表现、审美表达等多个方面。收集审美素质数据的方法可以包括观察、评估、访谈、自陈报告等。在收集这些数据时，应确保数据的全面性和准确性，以充分反映被评价对象的审美素质水平。

在收集数据时，遵守伦理原则，保护被评价对象的权益和隐私。确保数据的安全和保密性，并征得被评价对象的知情同意。确保数据的匿名性和机密性，以避免可能的影响和偏见。收集验证数据的过程需要一定的时间和资源。制定合适的收集计划和方法，确保数据的收集效率和质量。同时，进行数据的清洗和整理，以保证数据的完整性和可分析性。通过充分收集验证数据，进而完善后续的统计分析和实证研究，验证评价指标的有效性和准确性。

（三）进行数据分析

进行数据分析是评价指标有效性验证的关键步骤之一。通过统计方法和数据分析技术，检验评价指标与审美素质之间的关系，以确认指标的有效性和准确性。

数据分析的目标是通过统计方法来检验评价指标和审美素质之间的关系。这包括探索指标与审美素质之间的相关性、关联性或差异性，以及指标对审美素质的预测能力。常用的数据分析方法包括相关分析、回归分析、因子分析、结构方程模型等。

在进行数据分析时，需要考虑各种可能的影响因素，以确保结果的准确性和可靠性。这包括控制和分析存在的混淆变量，排除其他可能的解释因素，以及进行适当的统计调整。通过这样的分析，更准确地理解和解释指标与审美素质之间的关系。

同时，数据分析也需要考虑数据的质量和可靠性。这包括数据的完整性、准确性和可信度。在进行数据分析之前，进行数据清洗和校验，排除异常值和不可靠的数据，以确保分析结果的准确性和可靠性。

数据分析还需要考虑样本的代表性和统计效应。样本的代表性是指样本是否能够充分代表被评价对象的总体特征和分布。统计效应是指样本的大小是否足够大，能够得出具有统计意义的结论。在进行数据分析时，关注样本的大小和分布，以确保分析结果的可靠性和泛化能力。

（四）反馈验证结果

通过及时、准确地将验证结果反馈给评价者，可以为评价指标的使用和改进提供重要的指导和参考。

反馈验证结果需要及时进行。一旦完成数据分析和验证过程，评价者应该及时获得验证结果。及时的反馈可以帮助评价者及早了解评价指标的有效性和准确性，及时做出相应的调整和改进。这有助于提高评价的准确性和有效性，从而更好地推动被评价对象的审美素质发展。评价者需要了解验证结果的具体含义和影响，以便对评价指标进行正确的解读和应用。准确的反馈可以帮助评价者更好地理解验证结果，从而做出明智的决策和调整。

验证结果不仅仅是对评价指标有效性的确认，还应该为评价体系的改进提供有益的建议和措施。评价者可以根据验证结果提出针对性的建议，优化评价指标的选择、权重分配、评价流程等，以提高评价的准确性和有效性。评价者应与用户进行沟通，了解其对验证结果的理解和意见，以便更好地理解用户需求和期望。评价者可以根据用户的反馈和意见，进一步优化评价指标的选择和应用，以确保评价体系更好地满足用户的需求和期望。

第三节　审美素质评价的实施策略

一、审美素质评价的流程

审美素质评价的流程，是保证评价活动顺利进行、得出准确结果的关键。制定合理的评价步骤和流程，需要考虑评价的目标、指标、工具、反馈等多个要素，以及它们之间的逻辑关系。如图 6-6 所示。理想的评价流程，能有效地协调这些要素，使评价活动具有明确的方向、高效的运行、有效的结果。

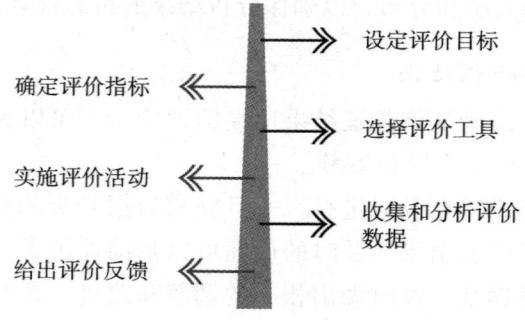

设定评价目标

确定评价指标

选择评价工具

实施评价活动

收集和分析评价数据

给出评价反馈

图 6-6　审美素质的评价流程

（一）设定评价目标

设定评价目标是评价活动的关键，它确定了评价的内容和方向，为评价指标的选择和应用提供了指导。

评价目标应该是明确和具体的。明确的评价目标能够清晰地表达希望通过评价了解和衡量的内容，不会产生歧义或模糊性。具体的评价目标能够更准确地指导评价活动的开展和评价指标的选择，确保评价的针对性和有效性。

评价目标应能够反映审美素质的核心要素。审美素质包括认知、情感和行为等多个维度，评价目标应该涵盖这些关键要素，以全面衡量个体的审美素质。例如，评价目标可以包括个体对美的认知水平、对美的情感反应、在审美活动中的表现等方面。

评价目标还应该与评价活动的上下文环境和特定需求相一致。不同的评价环境和目的需要不同的评价目标。例如，在学校教育中，评价目标与教育目标和课程要求有关，而在家庭教育中，评价目标可能与家庭的教育目标和价值观有关。评价目标的设定应考虑到评价活动的具体背景和目的，以确保评价的相关性和适用性。

理论知识和实证研究提供了对审美素质的深入理解和认识，可以确定评价目标的内容和范围。通过借鉴已有的理论模型和研究成果，进而确保评价目标具备科学性和可操作性，从而推动评价活动的有效进行。

（二）确定评价指标

确定评价指标是评价活动的核心，它直接决定了评价的准确性和有效性。评价指标应该是科学和有效的，能够真实反映被评价对象的审美素质。评价指标的选择需要建立在对审美素质的深入理解和研究基础上。通过查阅相关的学术文献和理论模型，获得对审美素质的科学认识，从而选择合适的评价指标。这些指标应该与审美素质的核心要素相对应，能够准确地衡量个体在认知、情感和行为等方面的审美能力和表现。

评价指标应具备有效性和可靠性。有效性指评价指标能够准确地反映被评价对象的审美素质，能够捕捉到审美能力和表现的重要方面。可靠性指评价指标应具备稳定性和一致性，在不同时间和不同评价者之间具有一致的测量结果。通过经过验证的评价工具和方法，确保评价指标的有效性和可靠性，从而提高评价的准确性和可信度。

在选择评价指标时，还需要考虑评价的可操作性和可行性。评价指标应具备可操作性，即可以在实际评价活动中进行收集和观察。它们应该能够通过量化或定性的方式来衡量，以方便数据的收集和分析。此外，评价指标的选择还应考虑评价活动的实际情况和资源限制，确保其可行性和可应用性。

（三）选择评价工具

评价工具应基于评价指标的要求。评价工具的选择应与所选的评价指标相匹配，能够准确地衡量指标所要求的内容。评价工具可以包括问卷调查、观察记录、访谈指南等，具体的选择取决于评价目标和所要评价的审美素质维度。评价工具应具备适应性和准确性，能够全面而准确地收集到所需的评价数据。

评价工具的选择应考虑评价活动的实际情况和资源限制。评价工具应具备可操作性，能够在实际评价过程中便捷地应用和收集数据。它们应该是易于理解和使用的，以确保评价活动的顺利进行。评价工具的选择还应考虑其实用性，即能够提供有效的评价结果和有意义的数据分析，以支持评价目标的实现和决策的制定。

评价工具的选择还需要考虑评价活动的参与者和环境的特点。不同的参与者和不同的评价环境对评价工具的选择有所要求。例如，对于学生群体，评价工具需要更加简洁和易于理解；而对于专业人士，评价工具需要更加详细和深入。评价工具的选择应根据参与者的特点和环境的需求进行调整，以确保评价活动的有效性和适应性。

（四）实施评价活动

实施评价活动需要确保评价的公正性和客观性。评价活动应遵循公正的原则，对所有被评价对象一视同仁，不偏袒任何一方。评价过程应建立在客观、科学的基础上，避免个人主观偏好和情感干扰。评价者应遵循评价准则和标准，以确保评价结果的真实性和可比性。评价活动应有清晰的组织结构和时间安排，评价者需要按照规定的程序进行评价。这包括收集评价数据、处理数据、进行数据分析等环节。评价活动的实施应有条不紊，确保评价过程的顺利进行。实施评价活动还需要确保评价结果的真实性和可靠性。评价者应遵循科学的方法和技术，确保评价数据的准确性和可靠性。评价过程中的数据收集、记录和分析应遵循严格的标准和程序，以确保评价结果的真实性和可靠性。评价者应保持客观的态度，不受个人偏见和情感因素的影响，以保证评价结果的客观性和准确性。

（五）收集和分析评价数据

收集评价数据是评价活动的基础。评价者需要选择合适的数据收集方法和工具，以收集到能够反映被评价对象审美素质的数据。这涉及观察记录、问卷调查、实际作品分析等多种数据收集方式。评价者需要确保数据的真实性、完整性和代表性，以获得可靠的评价结果。

分析评价数据是评价活动的关键步骤。评价者需要运用适当的统计方法和数据分析技术，对收集到的评价数据进行处理和分析。这可以包括描述性统计分析、相关性分析、因素分析等方法，以揭示数据之间的关系和趋势。评价者需要确保分析结果的准确性和可靠性，以便得出科学、客观的评价结论。

在数据分析过程中，评价者还需要注意避免误解和错误的解读。数据分析是一项复杂的工作，需要评价者具备一定的数据分析能力和专业知识。评价者应仔细审查数据，避免数据的偏差和误差对分析结果的影响。同时，评价者应对分析结果进行合理解释，避免过度解读或误导他人。

（六）给出评价反馈

评价反馈应当详细而具体，提供准确的信息和建议。评价者应根据评价结果，针对被评价对象的不同维度和方面，提供有针对性的反馈。反馈内容可以包括被评价对象在认知、情感和行为等方面的优点和不足，以及改进的具体建议。通过具体的反馈，被评价对象能够清晰地了解自己的审美素质状况，知道哪些方面需要改进和加强。

评价者应提供具体的行动计划和方法，帮助被评价对象实施改进措施。这可以包括推荐学习资源、参与相关活动或培训，以及提供具体的练习方法和技巧。评价者可以根据被评价对象的实际情况，量身定制反馈和建议，使其能够在实践中不断提升自己的审美素质。

评价者应肯定被评价对象在审美素质方面的努力和进步，鼓励其继续努力和探索。通过积极的评价反馈，被评价对象可以增强自信心，保持积极的学习态度，从而更好地提升自己的审美素质。

二、审美素质评价的工具和技术

审美素质评价工具和技术的选择与使用，对于确保评价的准确性和有效性具有重要的影响。评价工具是收集评价数据的主要手段，评价技术则是处理评价数据、得出评价结果的关键方法。选择与使用合适的评价工具和技术，可以提高评价活动的效率，提升评价结果的质量，从而更好地实现评价目标。

（一）评价工具的选择与使用

需要考虑评价目标、指标、对象等因素。理想的评价工具，应能够有效地收集到所需的评价数据，同时也应该易于操作，以便在实际的评价活动中使用。目前，常用的审美素质评价工具主要包括问卷、观察、访谈、作品分析等。

1.问卷

问卷是一种常用的评价工具，它可以有效地收集到大量的评价数据，并提供定量化的信息。在审美素质评价中，问卷可以用于了解被评价对象的审美偏好、审美知识、审美态度等方面的情况。

设计有效的问卷需要考虑以下几个方面。首先，明确评价目标，确定需要收集的信息。例如，如果评价目标是了解被评价对象的审美偏好，可以设计相关的问题来了解其对不同艺术形式、风格、题材的喜好程度。如果评价目标是了解被评价对象的审美知识，可以设计问题来考查其对艺术史、艺术理论的了解程度。其次，问卷的设计要考虑到被评价对象的特点和背景。问卷问题的表达要清晰明了，避免使用过于专业化的术语和语言，以确保被评价对象能够理解并准确回答问题。此外，还可以根据被评价对象的年龄、教育水平等特点，设计适合他们的问题，以增加问卷的可信度和有效性。此外，问卷的设计应考虑评价指标的多样性和综合性。审美素质包含多个维度，因此问卷应包含涵盖这些维度的问题，以综合地了解被评价对象的审美素质。可以设计多个子量表，每个子量表涵盖特定的维度，从而更全面地评估审美素质。最后，问卷的有效性和可靠性也需要关注。问卷的项目应具有良好的信度和效度，以确保问卷的测量结果真实可靠。在设计问卷时，可以采用一些常用的信效度检验方法，如内部一致性分析、因子分析等，来评估问卷的质量。

2.观察和访谈

观察和访谈是更为深入的评价工具，它们可以提供更详细和真实的评价数据，有助于更深入地了解被评价对象的审美素质。

观察是指通过仔细观察被评价对象在实际情境中的行为和反应，来了解其审美反应和表现。观察可以发生在课堂上、艺术活动中、展览观赏等情境中。通过观察，评价者可以观察到被评价对象对不同艺术形式、作品、表演的反应、参与程度、表达方式等。观察可以提供直接的行为表现和实际参与程度的信息，从而更准确地评估被评价对象的审美素质。访谈是指与被评价对象进行交流和对话，以了解其对于美的理解、感受和体验。访谈可以通过面对面的交流、电话访谈、在线问答等方式进行。通过访谈，评价者可以主动提问，引导被评价对象深入地表达自己的审美观点、喜好、经历和思考。访谈可以提供更为主观和个体化的信息，有助于了解被评价对象的审美思维、审美态度和审美发展历程。

观察和访谈在审美素质评价中的应用具有一定的挑战性，因为它们要求评价者具备良好的观察力、沟通技巧和理解能力。评价者需要仔细观察和记录被评价对象的行为和言语，同时能够灵活应对不同的情境和个体差异。评价者还需要保持客观公正的态度，避免个人偏见和主观评价的干扰。

3.作品分析

作品分析是审美素质评价中的一种重要工具，它主要应用于对创造性审美活动的评价。通过对被评价对象的作品进行分析，可以深入了解其审美创新的能力、表达方式和创作思维。

在作品分析中，评价者会对被评价对象的艺术作品进行详细的观察和研究。这些作品可以包括绘画、音乐作品、舞蹈表演、戏剧作品等不同形式的艺术作品。评价者会关注作品的创意性、表现力、技巧运用、审美效果等方面。

作品分析通常会涉及以下几个方面：

（1）创意和创新性。评价者会评估作品中的创意和独特性，包括主题选择、构思方式、想象力等。创新性是指作品在审美表达和艺术形式上的新颖性和突破性。

（2）表现力和技巧运用。评价者会观察作品的表现力和技巧运用，包括形式语言的运用、艺术元素的组合和处理、表现手法的多样性等。评价者会考查作品中的细节、构图、色彩运用、音乐节奏等方面。

（3）审美效果和情感共鸣。评价者会评估作品所能引起的审美效果和情感共鸣。作品是否能够引起观众的情感反应、触发思考和引发共鸣，都是评价的重要指标。

作品分析需要评价者具备良好的艺术知识和审美理解能力，以能够深入理解和解读作品。评价者需要运用专业的审美标准和理论知识，结合自身的经验和感受，进行客观而准确的评估。除了评价者的专业能力，作品分析还需要考虑到作品的个体性和独特性。每个艺术作品都是独一无二的，具有其独特的创造背景、表达方式和意义。评价者在进行作品分析时应尊重作品的独特性，避免过度泛化和标准化评价。

通过作品分析，评价者可以深入了解被评价对象的创造性思维、艺术表达能力和审美意识。评价者可以通过对作品的分析和解读，为被评价对象提供个性化的评价反馈和指导，帮助其进一步发展和提升自己的审美素质。

（二）评价技术的选择与使用

审美素质的评价是一个复杂且微妙的过程。审美素质不仅涉及感知审美对象的能力，更涉及理解和欣赏美的高级心理活动。在评价过程中，选择和使用合适的评价技术十分重要。这些技术包括描述性统计、推断性统计和项目分析。

1.描述性统计

描述性统计在审美素质评价中扮演着重要的角色，它通过收集、整理、汇总和描述数据，以初步理解和分析审美素质。这种评价方式涉及对一组学生进行审美教育，然后通过问卷调查或实际表现收集的数据来评估审美水平和审美反应。在描述性统计中，主要的度量方法包括中心趋势、分布和离散程度。中心趋势是数据的平均水平，包括均值、中位数和众数。例如，计算一组学生的审美评价分数的均值，可以理解这组学生的平均审美水平。分布和离散程度则反映数据的变异性和分散性，例如，通过计算审美评价分数的标准差，可以了解学生之间审美水平的差异程度。

数据的形状是描述性统计的重要组成部分，它包括数据的偏度和峰度。偏度描述了数据分布的偏离对称性的程度，峰度则描述了数据分布的尖锐程度。这些度量可以帮助理解数据的分布特性，例如数据的集中趋势和尾部特性等。

描述性统计为审美素质的评价提供了一个全面且细致的框架，使得研究者可以通过多种度量对审美素质进行定性和定量的理解。同时，描述性统计的各种度量和方法也为研究者提供了对审美素质进行深入分析和理解的基础。通过这些工具，研究者可以发现数据中的规律，找出影响审美素质的因素，从而为改善审美教育提供数据支持。

2. 推断性统计

推断性统计在审美素质评价中起到关键作用，其特点在于它并非仅描述和总结数据，而是基于样本数据对总体参数进行推断。推断性统计可以用来测试各种假设，比如某种特定的审美教育方法是否能显著提高学生的审美素质。这种假设可以通过推断性统计进行检验。

推断性统计主要使用的工具是假设检验和置信区间。假设检验是通过收集的数据检验某种预设的假设。例如，预设的假设是新的审美教育方法比传统的方法更有效，然后通过假设检验，可以验证这种假设是否成立。置信区间是另一种重要的推断性统计工具，可以用来估计某种参数的范围。例如，想知道新的审美教育方法提高学生审美素质的效果范围，通过计算置信区间，可以得到这种效果的可信度。推断性统计为审美素质评价提供了科学的方法，使得研究者可以通过假设检验和置信区间等工具，检验审美教育方法的效果，预测未来的趋势，从而对审美教育的改进提供科学依据。推断性统计的科学性和严谨性，使其在审美素质评价中具有重要的价值。

3. 项目分析

项目分析是审美素质评价中常用的一种技术，主要用于了解和改进评价工具的有效性和可靠性，比如问卷或评价表。

项目分析主要通过分析项目难度、项目歧义度和项目区分度等指标来了解评价工具的质量。项目难度是对评价工具难易程度的度量。如果项目过于困难或者过于简单，评价工具无法准确反映学生的审美素质。这是因为过于困难的项目会让大部分学生答不出来，而过于简单的项目则不能区分学生的审美水平。

项目歧义度是对评价工具清晰度的度量。如果项目过于模糊或者不清晰，评价结果受到误解的影响。这是因为歧义的项目让学生不明白如何回答，或者导致学生理解出错，从而影响评价结果的准确性。项目区分度是对评价工具有效性的度量。如果一个项目能够很好地区分不同的审美水平，那么这个项目就具有较高的区分度。高区分度的项目能够明确地分辨出审美水平高低，从而更好地衡量学生的审美素质。项目分析为评价工具的优化提供了重要的依据，它可以帮助研究者了解和改进评价工具的质量，从而更准确地评价学生的审美素质。通过项目分析，可以确保评价工具的可靠性和有效性，从而提高审美素质评价的准确性。

三、审美素质评价的反馈和改进

（一）评价的反馈

审美素质评价的反馈环节扮演了至关重要的角色，因为它将评价结果有效地传递给各个利益相关者，包括被评价对象、教育者、家长以及社会。如图6-7所示。各利益相关者对审美素质评价的反馈都有自己特殊的需求，因此，应当根据其需求进行反馈。

图6-7　审美素质评价的反馈

1.被评价对象

审美素质评价的反馈对被评价对象至关重要，这因为反馈不仅揭示出审美素质的水平，同时也帮助揭示出优势和不足之处。这一反馈过程并不仅仅是告知被评价对象他们的评价结果，而是促使他们进一步了解自身，引导他们从中获取关于自身审美素质的深入见解。

当被评价对象接收到评价反馈后，他们便可以根据反馈内容，识别出自身审美素质的优点，这些优点是他们之前未曾注意到的。同时，反馈也能揭示出他们审美素质的不足之处，让他们明确需要提升和加强的方面。

提升反馈有效性的一个重要方式是采用清晰和易于理解的反馈方式。过于专业或复杂的术语会阻碍被评价对象对反馈信息的理解，从而影响他们采取行动的决策。因此，将反馈信息表述得直观和明确，有助于被评价对象对自身审美素质有更深入的了解，进而能有针对性地进行审美素质的培养和提升。

2. 教育者

审美素质评价反馈对教育者起着举足轻重的作用。这项反馈能够让教育者获得深入的洞察，帮助了解学生的审美素质发展的情况，进而使其能制定更有针对性的教育活动。

了解学生的审美素质发展情况是教育者进行教育工作的基础。具备了这种理解，教育者就能更好地构思并设计针对性的教育活动，这些活动可以直接回应学生的需求，并有望提高审美素质。这种基于评价反馈的教育活动，将更有可能产生有效的结果，因为它们直接关注学生的实际需求。

审美素质评价的反馈也为教育者提供了一个评估和反思自己教育实践的机会。借助反馈，教育者可以检视自己的教学方法和策略，看看它们是否真正有效，是否在提升学生的审美素质方面起到了积极作用。如果反馈表明存在问题或者不足，教育者就可以据此进行必要的调整和改进，从而使自己的教育实践更加符合学生的需求，更加有利于提升学生的审美素质。

3. 家长

审美素质评价的反馈能够提供关于孩子审美素质发展的深入洞察，使得家长能够根据这些信息进行更为有针对性的家庭教育。

审美素质评价的反馈提供了一个平台，让家长了解孩子审美素质的现状，包括他们的优点和需要改进的地方。借助这些信息，家长可以制定出更为符合孩子需要的家庭教育策略，这包括推动孩子接触各种艺术形式，或者鼓励他们在日常生活中培养审美观念。

家长是孩子的主要教育者，在孩子的审美素质培养中发挥着重要作用。通过审美素质评价的反馈，家长可以确保他们的家庭教育活动是有效的，并且真正有利于提升孩子的审美素质。这种反馈可以视为一种指导，帮助家长在培养孩子的审美素质上做出明智和有益的决定。

4.社会

审美素质的评价反馈在社会层面上有着多元的含义和作用。它可以反映出社会审美标准的变化，展现个体或群体的审美品位及其变化，更可以指导政策制定和社会发展。

随着时代的发展，审美观念也会发生改变，社会对于美的理解和追求也会随之变化。在这个过程中，审美素质的评价反馈可以有效地反映出社会审美标准的演变和变化。审美素质的评价反馈可以揭示出个体或群体的审美趋向和审美品位。这一方面可以更好地理解和满足人们的审美需求，另一方面也有助于发现并研究审美偏好的社会文化背景，从而对人类审美行为进行更深入的探索。在教育政策制定方面，通过审美素质的评价反馈，可以更明确地了解当前学生审美素质的水平和问题，从而为教育改革和教育政策制定提供依据。在社会发展方面，审美素质的评价反馈可以指导城市规划、公共艺术设施的设计和建设，以及相关产业的发展等，从而提高公众生活品质，促进社会整体审美水平的提升。

（二）评价的改进

审美素质评价的改进环节侧重于评价理论、方法和实践的持续优化。

针对评价理论，改进过程关注于反思评价的目标、指标和标准，以确保其有效地反映审美素质的本质特征。随着审美理论和教育理论的发展，对审美素质的理解和定义也会随之深化和发展。在此过程中，需要不断反思和修订评价目标、指标和标准，使其能够反映出对审美素质的最新理解。同时，公正性和公平性也是评价理论的重要组成部分，需要确保所有个体都可以得到公正、公平的评价。

在评价方法方面，改进过程着眼于反思评价工具和技术的有效性和效率。评价方法是评价理论的实际运用，有效、高效的评价方法可以保证评价结果的准确性和信度。因此，需要根据实践经验，反思评价工具和技术是否合适、有效，是否能提供准确、可靠的评价结果。同时，考虑评价方法的便捷性和易用性也十分重要，这可以降低评价的难度和成本，提高评价的效率。在评价实践上，改进过程要求评价的组织和实施得到反思。理论和方法的优化如果不能得到有效的实施，其价值就不能得到完全体现。所以，要注意评价的流程和程序是否顺畅，评价的环境和条件是否恰当，评价结果是否得到有效的反馈和应用。此外，还需要注重提升评价者的专业素质和评价技能，以确保评价活动的质量和效果。

第七章　美育视角下的审美素质养成策略

本章旨在从美育的视角出发，探讨如何策略性地促进审美素质的养成。首先，讨论如何创设良好的美育环境，以滋养和引导个体的审美发展。接着，深入研究如何建立全面而有效的美育体系，以提供持续和有序的审美素质养成机会。最后，将着重关注如何实践美育活动，以提高活动效果，并通过活动的实施和管理，达成美育目标。

第一节　创设美育环境

一、美育环境的要素

美育环境是一个复合的系统，包括物质环境、社会环境和教育环境三个要素。这三个要素相互影响，共同构成了个体审美素质养成的外部条件。如图 7-1 所示。

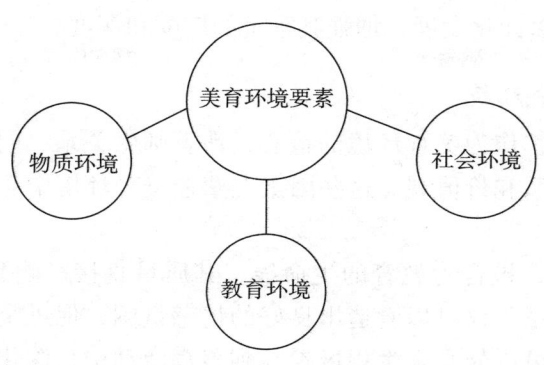

图 7-1 美育环境的要素

（一）物质环境

物质环境作为美育环境的基础要素，占据着极其重要的地位。物质环境包括学校环境、教室布置、教学设备等各种物质条件，这些条件直接影响个体的审美感受和审美体验。

学校环境作为学生日常活动的主要场所，其美化程度对个体审美情绪的培养具有明显的影响。一个美丽、整洁的学校环境不仅能引发学生的审美欣赏，同时也能营造一种宁静、和谐的氛围，使学生更加愿意接受美的熏陶，从而激发其对美的认知和感知。在此，建议学校管理者关注校园的整体规划和设计，将美的元素融入校园的各个角落，如花园、小径、雕塑等，使学校环境充满艺术的气息。

教室布置则是物质环境中更为细致、更为亲近学生生活的一部分。色彩、空间、装饰、布局等都是教室布置中需要注意的细节。适当的色彩搭配可以使教室充满活力；合理的空间布局可以使教室更加舒适，更有利于学生的学习；有趣的装饰可以使教室充满乐趣，激发学生的创新思维；人性化的布局可以让学生感到被尊重，增强其归属感。因此，教室布置不仅是物质环境的一部分，更是教育者与学生沟通的重要渠道，是激发学生审美感的有效途径。

具有多功能、高科技的教学设备可以提供多样化的审美体验，如通过音响设备播放不同风格的音乐，通过投影设备展示各类艺术作品，通过 3D 打印设备实现学生的艺术创作等。这些丰富的审美体验可以促进个体审美素质的多元化发展，增强其审美的广度和深度。

（二）社会环境

社会环境，作为美育环境的核心，涉及师生关系、同伴关系、学校文化等社会关系和价值观。这些因素在塑造美育环境中起着至关重要的作用。

师生关系，被誉为教育的生命线，其质量直接影响到美育的效果。和谐的师生关系不仅可以营造出良好的情感氛围，促进个体的情感交流和共享，而且可以鼓励学生积极参与到美育活动中，深化其对美的理解和体验。教师不仅是学生的知识传递者，更是学生的情感引导者、人格示范者。因此，教师应建立起尊重学生、关爱学生的教育理念，通过日常的教育活动，传递给学生正确的审美观念，引导学生形成良好的审美情趣。

同伴关系，在学生的学习生活中占据着重要的地位。同伴可以共享审美体验，共同参与审美活动，互相影响审美态度和审美情感。和谐的同伴关系，可以鼓励学生积极参与到美育活动中，激发学生的创新思维，提高学生的审美素质。因此，学校应注重同伴关系的和谐，创设公平、公正、公开的环境，鼓励学生互相尊重、互相学习，形成良好的审美风气。

学校文化，是学校精神面貌的集中体现，是学校的价值观和精神追求的具体表现。具有美育价值的学校文化，可以引导学生形成正确的审美观念，促进学生审美素质的道德化发展。学校文化的塑造，应注重审美教育的深入人心，将美育理念融入学校的各项活动中，使学生在日常学习生活中，不断接受美的熏陶，培养出积极、健康的审美情趣。

社会环境作为美育环境的核心，其质量对于个体的审美素质发展具有深远的影响。

（三）教育环境

美育环境的重点是教育环境，这包括课程设置、教学方法、评价方式等教育活动。这些元素都具有影响个体审美素质发展的可能。

在课程设置上，科学的课程设置能为个体提供系统的审美知识，促进个体审美素质的认知化发展。审美知识不仅是个体理解和评价美的基础，也是个体创造美的工具。一个科学、完整的课程设置，能涵盖视觉艺术、音乐艺术、表演艺术等各个领域，让学生接触并理解各种艺术形式，从而丰富其审美体验和审美理解。

一个活动化的教学方法能提供生动的审美体验，促进个体审美素质的实践化发展。实践是提高审美素质的重要途径，通过动手操作、参与创作等实践活动，个体可以亲身体验美的创造过程，增强其对美的理解和感知。同时，活动化的教学方法也可以激发个体的审美情趣，提高其参与美育活动的积极性。

评价方式是个体审美发展的反馈环节，多元化的评价方式可以反映个体的审美进步，促进个体审美素质的自我化发展。通过观察和评价个体的审美行为、审美作品、审美态度等，可以了解其审美素质的发展水平，从而对其进行适当的引导和激励。多元化的评价方式，不仅能全面、准确地反映个体的审美素质，也能尊重个体的审美差异，鼓励其发展个性化的审美风格。

二、美育环境的设计和布局

美育环境的设计与布局是一个具有挑战性和创新性的过程，其核心在于如何将美育环境的要素整合、优化，以满足个体的审美需求，激发其审美潜能，从而促进其审美素质的养成。

（一）美育环境的设计

美育环境的设计，作为构建过程的首要步骤，涵盖了许多领域，如空间规划、资源配置以及教育活动设计。各个方面都与美育环境的最终品质息息相关。

1.空间规划

空间规划在美育环境的设计中起着至关重要的作用。在教室内部，布局需要引起学生的兴趣和好奇心，激发他们对美的追求。首先，颜色的选择是必不可少的。明亮而鲜艳的颜色可以提高学生的注意力和积极性，激发他们的创造力。此外，灯光的照射也需要得到充分考虑。适当的灯光设计可以营造出温馨、舒适的氛围，让学生感到愉悦和放松，更好地专注于美育活动。物品的摆放也是空间规划中需要注意的方面。教室内的家具和设备应该布置得井然有序，以便于学生的移动和互动，同时也要保持美观和协调。此外，墙面装饰也是创造美育环境的重要元素之一。可以在墙上挂上学生的艺术作品，展示他们的才华和努力，同时也增加了艺术的氛围。另外，画作、照片等艺术品也可以被用来装饰墙面，使整个空间更加有生命力和活力。

除了教室内部，美育环境的设计也需要考虑更大的环境，比如整个校园。在校园环境中，植物的选择和布置同样重要。绿色植物可以为环境增添生气和活力，同时也能让学生更加接近自然、感受自然之美。校园中的花坛、花草树木的布置需要考虑色彩的搭配和季节性的变化，创造出一个美丽而和谐的自然景观。

2. 资源配置

资源配置在美育环境的设计中扮演着重要的角色。它涉及如何合理地利用和整合各种物质资源和人力资源，以最大化教育效果和美育成果的实现。

首先，物质资源是创设美育环境不可或缺的要素。教具、美术材料、音乐设备等物质资源可以为学生提供实践和体验的机会，激发他们对艺术的兴趣和热爱。在资源有限的情况下，如何合理利用这些资源至关重要。可以通过制订资源使用计划，确保资源的充分利用和合理分配。同时，要注重资源的更新和更新，及时更新老化或损坏的设备，以提供良好的学习环境。

其次，人力资源也是创设美育环境不可或缺的要素。教师、艺术家、社区成员等都是宝贵的人力资源，他们拥有丰富的专业知识和技能，能够为学生提供艺术指导和启发。在资源配置中，要注重整合这些人力资源，使其在美育环境中发挥最大的作用。可以组织艺术家驻校、专家讲座和工作坊等活动，让学生与专业人士进行互动和学习。此外，与社区成员的合作也是资源配置的重要方面。可以与当地艺术团体、美术馆、音乐学校等建立合作关系，开展共同的美育项目和活动，丰富学生的艺术体验和视野。

在资源配置中，需要综合考虑物质资源和人力资源的配比和优化。根据学校实际情况和需求，制定合理的资源配置计划。这包括购买新的教具和材料，提供培训和发展机会给教师和艺术家，以及与社区建立良好的合作关系。此外，还可以通过寻找赞助和捐赠等途径，扩大资源的获取渠道和范围。

3.教育活动设计

教育活动设计是美育环境设计的重要组成部分，它旨在通过各种活动引导学生参与、体验和感知美。在设计教育活动时，需要综合考虑学生的年龄、性别、兴趣等因素，以确保活动的有效性和吸引力。

教育活动应该具有趣味性和互动性。活动应该能够激发学生的兴趣和好奇心，引起他们的参与欲望。可以通过游戏、小组合作、角色扮演等方式设计活动，使学生积极参与其中，并享受学习的过程。活动中可以引入竞赛、奖励机制等元素，增加学生的动力和参与度。

活动不仅仅是娱乐性的，还应该能够引导学生深入思考和探索美的内涵。可以设计问题导向的活动，引发学生的思考和讨论。例如，可以给学生展示一幅艺术作品，引导他们观察、分析和解读作品中的意义和表达方式。通过这样的活动，学生可以培养批判性思维和审美意识。

教育活动还应该与学生的实际生活和经验相结合。可以从学生熟悉的事物和情境出发，设计与之相关的艺术活动。例如，可以组织户外写生活动，让学生观察和绘制周围的自然景观或建筑物。这样的活动不仅能够增强学生对美的感知，还能够加深他们对环境的关注和理解。

在教育活动设计中，教师扮演着重要的角色。他们需要了解学生的需求和特点，根据不同的学生设计个性化的活动。教师可以通过定期的反馈和评估来了解学生对活动的反应和效果，从而不断改进和调整活动的设计。

（二）美育环境的布局

在美育环境的创建过程中，设计的实际落地执行阶段即为布局。这一阶段把前期的规划和设计转化为实际可感知、可交互的环境，使理论得以在实践中得到体现。

1.创建满足个体审美需求的环境

（1）多元化艺术形式。在美育环境的布局中，融入多种艺术形式，如音乐、绘画、雕塑、舞蹈等，以满足不同个体的审美取向和兴趣。为学生提供多样的艺术体验和参与的机会，让他们能够选择适合自己的艺术形式进行欣赏和创作。通过多元化的艺术形式，可以激发个体的创造力和表达欲望。

（2）互动性体验。在美育环境中引入互动性的元素，使个体能够通过实际参与和体验来提升审美感受。例如，可以设置触摸和探索艺术品的区域，让学生可以亲身接触和感受艺术作品的质感和形态；或者设计交互式的展示装置，让学生参与其中，与艺术作品互动，增强他们的参与感和体验感。

（3）个性化空间设置。在美育环境的布局中考虑到个体的特殊需求和喜好。为学生提供个性化的艺术创作区域或休息空间，让他们可以根据自己的喜好和需要进行艺术创作或放松。在这些个性化空间中，可以提供不同类型的艺术材料和设备，以满足个体的审美需求和创作欲望。

（4）可变性和灵活性。美育环境的布局应具备可变性和灵活性，以适应不同个体的变化需求。可以采用可移动的家具和展示装置，使环境可以根据不同的艺术活动和需求进行调整和重新布置。这样的灵活性可以让个体根据自己的需要来打造适合自己审美需求的环境。

创建一个多样化、包容性的美育环境，满足不同个体的审美需求，激发他们的创造力和表达欲望。这样的环境可以为个体提供丰富的艺术体验和参与的机会，促进他们的艺术素养和审美能力的全面发展。

2. 营造激发个体审美潜能的情境

（1）艺术创作角落或工作室。设置一个专门的区域供学生进行艺术创作。这个角落可以提供各种艺术材料和工具，如绘画用品、雕塑材料、音乐乐器等，让学生有机会亲手创作艺术作品。这种自主创作的空间可以激发学生的创造力和想象力，让他们尝试不同的艺术形式和表达方式。

（2）艺术展览或表演。举办学生艺术作品展览或表演活动，给学生展示和欣赏他人的作品。这种展览可以包括绘画、雕塑、摄影、音乐等多种艺术形式，让学生从中汲取灵感和启发。同时，展览也为学生提供了展示自己作品的机会，增强他们的自信心和表达能力。

（3）艺术家讲座和工作坊。邀请专业艺术家来学校举办讲座和开展工作坊活动，与学生分享他们的艺术经验和技巧。这样的交流与互动可以激发学生对艺术的兴趣，并从艺术家的实践中学习到更多的艺术知识和技能。艺术家的现场示范和指导可以让学生更直观地理解艺术创作的过程和技巧。

（4）参观艺术展览和演出。组织学生参观外部的艺术展览、画廊、美术馆以及音乐会、舞蹈表演等艺术演出。这样的参观活动可以让学生接触到不同类型的艺术作品和表演形式，拓宽他们的艺术视野，培养他们对不同艺术形式的欣赏和理解能力。

学生可以在一个充满创新和启发的环境中，更深入地接触到不同形式的美，激发他们的创造力和审美潜能。这样的情境可以为学生提供实践和体验的机会，培养他们的艺术素养和创造力，进一步开拓他们的审美视野和表达能力。

3.具备审美眼光和实际操作能力

（1）学习和研究艺术知识。培养对艺术的理解和认知，学习不同艺术形式和风格的特点。可以通过学习艺术史、艺术理论、艺术欣赏等课程来扩展知识和提高专业素养。深入了解艺术元素如颜色、形状、线条、纹理等的表现方式和效果，能够准确识别和评估审美价值。

（2）实践和体验艺术活动。通过实际参与和体验艺术活动，加深对艺术元素和技巧的理解。可以参与艺术创作、观摩艺术展览、参加艺术工作坊等活动，亲身感受艺术的魅力和创作过程。通过实践和体验，能够更好地理解和运用审美元素，提升审美眼光和实际操作能力。

（3）观察和研究艺术作品。仔细观察和研究优秀的艺术作品，分析其构图、色彩运用、材质选择等方面的特点。可以通过参观艺术展览、研究艺术家的作品集、阅读艺术评论等方式进行深入研究。通过对艺术作品的观察和分析，能够学习到不同艺术家的审美观点和技巧，为自己的创作和布局提供启示。

（4）实践中的反馈和改进。在实践中不断进行反馈和改进，提高自身的审美眼光和实际操作能力。在布局和设计过程中，倾听他人的意见和建议，接受来自学生、同行和专业人士的反馈。通过实践中的不断调整和改进，逐渐形成自己独特的审美眼光和实际操作能力。

逐渐培养和发展自己的审美眼光和实际操作能力。深入学习艺术知识、实践艺术活动、观察艺术作品，并通过实践中的反馈和改进不断提升自己的能力，能够更好地把握审美元素的搭配和展示，创造出美感和谐、功能适当的美育环境。

三、美育环境的效果评价过程

美育环境的效果评价是一个多元化、复杂的过程，包括数据收集、数据分析、结果解读、反馈与改进等步骤，其目的是获取关于美育环境对个体审美素质养成的实际效果，为美育环境的设计和改进提供科学、客观的依据。

（一）数据收集

数据收集阶段构建了评价过程的基石，所有后续的分析和决策都建立在这个阶段收集的信息之上。全面和详尽的数据收集能够提供关于美育环境的全貌描述，进而形成对其效果的深入理解。

在数据收集的过程中，多种方法相互结合使用，包括调查问卷、观察、访谈等，每种方法都有其独特的优点，可以从不同的角度捕捉到美育环境的信息。调查问卷通常具有较大的样本范围，能够收集到更广泛的数据，而观察和访谈则可以提供更深入、细致的信息。

观察是一个动态、直接的数据收集方法，通过观察学生在美育环境中的行为和反应，可以直观地了解美育环境对学生的影响。这种影响表现为学生的情绪反应、行为变化、学习动机等，从而为了解环境效果提供直接的证据。

访谈和问卷调查则可以收集到学生、教师和家长对美育环境的主观感受和评价。这些信息对于了解美育环境的接受度、满意度以及改进的方向都有重要的参考价值。

收集的数据应涵盖美育环境的物理属性、社会属性，以及环境与个体的互动情况等各个方面。物理属性如空间布局、设施设备、色彩灯光等，可以影响环境的美感和功能性；社会属性如师生互动、文化氛围等，可以影响环境的社会气氛和教育效果；环境与个体的互动情况如参与度、满意度等，可以反映环境的实际效果。

（二）数据分析

数据分析阶段是评价过程中的关键一环，通过科学、系统的方式对收集的数据进行解读，从而得到关于美育环境对个体审美素质养成影响的深入理解。在这个阶段，可以运用各种统计分析方法，包括描述性统计分析、相关性分析和回归分析等，以找出数据中隐藏的规律和关系。

描述性统计分析是一种基础的数据分析方法，通过计算平均值、中位数、标准差等统计指标，可以了解数据的基本分布特性。例如，可以计算学生对美育环境满意度的平均值和标准差，以了解满意度的总体水平和分布情况。

相关性分析和回归分析则是更高级的分析方法，可以揭示数据之间的关系。相关性分析通过计算相关系数，可以度量两个变量之间的关系强度和方向，例如，可以分析美育环境的物理条件与学生审美体验之间的相关性。而回归分析则可以进一步分析多个变量之间的关系，例如，通过建立回归模型，可以了解不同环境因素对审美素质的影响程度，这为环境的改进提供了重要依据。

在数据分析的过程中，需要注意的是，分析的结果应基于数据的实际情况，避免偏见和误解。同时，分析的结果只能揭示数据之间的关系，不能直接推断出因果关系。只有当数据满足一定的条件，例如实验设计、随机抽样等，才能够推断出因果关系。

（三）结果解读

结果解读阶段是理解数据分析成果并转化为实践建议的关键步骤。在这一阶段，需要将数据分析的结果转化为有意义的信息，并据此进行实际评价。结果解读要求有深入的理解力和全面的解读能力，以便准确地理解和解释数据的含义。

分析结果中存在许多有意义的发现，例如，某个环境因素与学生的审美素质高度相关。这种发现在表面上看起来很直观，但在进行结果解读时，却需要深入探究其背后的原因和机制。具体来说，需要询问这个环境因素为何会影响到学生的审美素质？它是通过什么途径和方式产生影响的？这样的问题需要借助于专业知识和实践经验来回答。

在解读结果时，还需要注意将分析结果与现实情况相结合，充分考虑实际环境和个体特性的影响。例如，如果一个环境因素在统计上与审美素质有强相关性，但实际上这个因素在具体环境中难以改变，或者改变这个因素的成本过高，那么这个因素就不是一个有效的改进目标。

结果解读的最后一个任务是对美育环境进行评价。这个评价应该基于结果解读的理解，对美育环境的优点和缺点进行全面的评价。同时，应该提出具体的建议，指出如何改进美育环境以提高其对审美素质养成的效果。

（四）反馈与改进

反馈与改进阶段是美育环境效果评价的最后阶段，也是最为重要的阶段，因为这一阶段将评价结果转化为实际的行动步骤，从而优化美育环境，并提升其对个体审美素质养成的效果。

反馈是信息传递的过程，将评价结果告知相关的决策者和参与者。例如，教育者、设计者、学生和家长等，这些人都是改进过程中的关键角色。通过适当的方式（如报告、会议或研讨会）提供反馈，可以确保所有相关方都了解到当前的评价结果，以及需要采取的改进措施。

而改进则是根据反馈的结果，采取实际行动来改善美育环境。改进措施包括但不限于调整环境布局、增加或减少某些环境元素、修改教育活动设计等。例如，如果评价结果显示，环境中的某个元素对审美素质的影响较大，那么在环境设计中就应该考虑增加或强化这个元素。

改进并不是一次性的行动，而是一个持续的过程。改进措施的实施需要一段时间才能看到效果，因此需要进行持续的监控和评估。如果改进措施有效，那么可以继续采用和扩大；如果效果不明显，或者出现了新的问题，那么就需要重新进行数据收集、数据分析、结果解读和反馈，然后根据新的评价结果制定新的改进措施。

第二节　建立美育体系

一、美育体系的构成要素

美育体系的构成要素如图 7-2 所示。

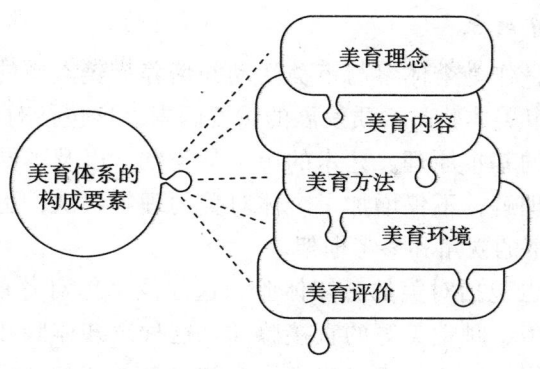

图7-2 美育体系的构成要素

（一）美育理念

美育理念，作为美育体系的灵魂，不仅影响着美育活动的设定，也塑造了美育的价值取向。它汲取了对美的理解和追求，打造出独特的审美视角和价值标准。这种理念，无论是对于美的本质理解，还是对于审美活动的目标设定，都扮演着至关重要的角色。

在制定美育计划时，美育理念提供了明确的方向。它能够确定教育内容的重点和边界，在众多的美育活动中，选择出最符合人们理念的那一部分。这不仅包括选择什么样的审美内容和技能，还包括决定期望学生通过这些内容和技能，达到什么样的审美状态和素质。

在设计美育活动时，美育理念则能够确定活动的形式和过程。什么样的活动方式更能够实现审美理念，什么样的互动方式更能够满足对美的追求。这包括决定采用更加自由的探索方式，还是更加系统的指导方式，决定强调更多的个人体验，还是更多的集体互动。

在评估美育效果时，美育理念为提供了评价标准。它定义了什么是良好的审美状态，什么是成功的美育效果。这使得对美育活动的成果进行量化的评价，找出成功的因素，也发现改进的空间。此外，通过这种评价，可以不断地检验和修正人们的美育理念，使之更加完善，更加适应现实。

（二）美育内容

美育内容，作为个体参与审美活动并培养审美素质的基石，其广度和深度是影响审美体验与素质发展的重要因素。这包括对美的知识理解，其中涉及美学的基本原理、艺术的历史与类别，以及不同文化对美的诠释。这种知识理解，不仅增加了个体对美的理解层次，也为其在审美活动中提供了丰富的视角和参考框架。

美育内容也包括对美的感知体验，这涉及个体对各种美的形式——视觉美、听觉美、触觉美等的直接感知。这种感知体验在审美活动中具有基础性的作用，它不仅直接决定了个体对美的初步认识，也是个体发展审美情感和审美判断的基础。

对美的态度和情感也是美育内容的重要部分。这涉及个体对美的情感反应，例如喜欢、敬畏、惊讶等，以及对美的价值判断和道德态度。这些态度和情感是个体审美体验的内在动力，它们既推动了个体主动参与审美活动，也决定了个体在审美活动中的态度和行为。

美育内容的丰富性和适切性对个体的审美经验和审美素质具有直接的影响。如果美育内容丰富多样，那么个体的审美经验就会更加广泛，审美素质就会更加全面；如果美育内容恰当适切，那么个体的审美活动就会更有针对性，审美素质的发展就会更有效率。因此，在构建美育体系时，必须对美育内容给予充分的重视，确保其既具有足够的广度和深度，又能适应个体的需求和发展。

（三）美育方法

美育方法是一系列用于传授美育内容和培养审美素质的手段和策略。它们的目标是通过教学、活动和实践等多种方式，引导个体在实践中获取审美经验，发展和提升其审美能力。

教学方法包括课堂教学、导师指导、讲座演讲等形式。在教学过程中，教师可以运用讲述、讨论、示范等方法，向学生传授美育知识和技能。教师通过灵活运用不同的教学策略和教学资源，激发学生的学习兴趣和主动性，使其更好地理解和掌握审美理论和实践。

活动方法主要通过组织各种美育活动，如美术创作、音乐表演、戏剧表演、文学阅读等，来激发个体的审美情感和创造力。通过参与各种艺术形式的创作和表演，个体可以积极投入审美活动，获得直接的审美体验和实践机会。

实践方法也是美育方法的重要组成部分。这种方法通过实际参与和体验美的活动，使个体能够亲身感受和探索美的世界。例如，参观艺术展览、观赏演出、参与艺术工作坊等活动，可以使个体与艺术家、作品和文化相互交流，加深对美的认识和理解。

美育方法的多样性和灵活性是其核心特点。不同的个体具有不同的学习风格和兴趣爱好，因此，美育方法需要适应个体差异，采用多样化的策略和活动形式。同时，美育方法也应与美育内容相结合，通过有机的组合，形成系统性的教学和实践过程，促进个体审美能力的全面发展。

（四）美育环境

美育环境是指为个体的审美活动和审美素质发展提供条件和场所的一系列因素，包括物质环境、文化环境和社会环境。这些环境的质量和特征对于个体的审美体验和审美素质的培养起着重要的影响。

1.物质环境

涵盖了学习和创作的场所、教学设施和美术品、音乐乐器等物质资源。一个具有优质物质环境的美育场所，可以为个体提供舒适、安全、有益的学习和创作条件。例如，良好的教室布局和装饰可以营造出艺术氛围，美术工具和器材的齐全性可以提供多样化的创作体验，音乐乐器的可获得性可以促进音乐技能的培养。物质环境的丰富与优化，为个体提供了丰富多样的审美体验和实践机会，从而激发其审美潜能和培养审美素质。

2.文化环境

文化环境涉及社会的艺术文化资源、文化传统和价值观念等。一个富有美育价值的文化环境可以为个体提供丰富的艺术作品、文化活动和艺术家的作品展示。通过接触和参与这些文化资源和活动，个体可以更好地了解、欣赏和理解艺术文化的内涵与价值，培养对美的感知和理解能力。此外，文化环境还传递了一种审美观念和价值导向，指导个体形成正确的审美取向和道德态度，促进其审美素质的道德化发展。

3. 社会环境

社会环境涉及个体与他人之间的关系和互动，包括师生关系、同伴关系和家庭教育等。和谐的师生关系和同伴关系可以为个体创造积极的情感氛围，促进情感交流和共享，从而加深对美的理解和体验。家庭教育作为个体主要的教育来源，对于美育环境的塑造具有至关重要的作用。家长的关注和引导可以在家庭中创设有益于个体审美素质发展的环境，培养个体的艺术兴趣和创造能力。

（五）美育评价

美育评价是对个体的审美素质和美育活动效果进行监测和评价的重要过程。它通过有效的评价活动，旨在了解美育活动的效果，发现问题和不足，为改进美育体系提供依据。

美育评价需要关注个体的审美素质。个体的审美素质是美育活动的核心目标之一，评价个体的审美素质可以通过多种手段和方法，如观察、作品评分、专家评估等。通过对个体的审美能力、审美表达和审美意识等方面的评估，可以了解个体在审美领域的发展情况，从而为其个性化的美育培养提供指导和支持。

美育评价还需要关注美育活动的效果。美育活动的效果评价可以通过多个维度进行，如认知维度、情感维度和行为维度等。在认知维度上，可以评估个体对美的认知水平、美学知识的掌握程度等；在情感维度上，可以评估个体的审美情感体验、对艺术作品的情感反应等；在行为维度上，可以评估个体的创造性表现、参与度和表达能力等。通过全面的评价，可以了解美育活动对个体认知、情感和行为方面的影响，从而对美育活动进行改进和优化。

解读评价结果需要遵循科学的原则和方法，对评价数据进行分析和解析，发现评价结果中的规律和问题，并提出相应的解决方案。评价结果的应用可以为美育活动的改进和发展提供依据，为制定个体化的美育计划和策略提供支持。

美育评价是对个体的审美素质和美育活动效果进行监测和评价的重要过程。通过关注个体的审美素质和美育活动的效果，解读评价结果，并将其应用于美育活动的改进和发展中，可以不断提升美育体系的质量和效用，促进个体审美素质的全面发展。

二、美育体系的运行和管理

（一）美育体系的运行

美育体系的运行如图 7-3 所示。

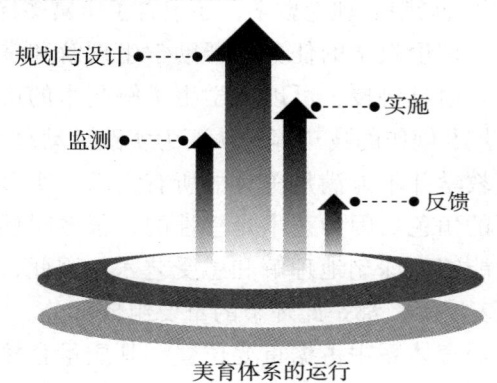

美育体系的运行

图 7-3　美育体系的运行

1.规划与设计

规划与设计是美育体系运行的基石，构筑在明确的美育理念和实际需求之上。在这个阶段，负责人需要确定美育的目标，确立内容并设定实施方法。这个阶段的工作精准而细致，它的结果将对整个美育体系的运行产生深远影响。

明确的美育目标是规划与设计的出发点。每个美育活动都需要一个明确的目标，可能是提升学生的审美素质、培养学生的创造力，或者更具体的，让学生了解某种艺术形式。这个目标必须清晰、具体并能够量化，这样在后续的实施和评估阶段，才能明确方向，准确评估结果。

美育的内容，即确定要教授的知识、技能和态度。内容选择可能涉及音乐、绘画、戏剧等各种艺术形式，也可能跨学科涵盖历史、文化、科学等元素。要选择什么样的内容，不仅取决于前面设定的目标，也需要充分考虑学生的需求和兴趣。

规划与设计阶段需要确定的是教学方法或活动形式。可以是课堂讲授、小组活动、实地考察，也可以是项目式学习等。这一环节必须考虑内容的特点，同时也要兼顾到学生的学习风格和兴趣。

2. 实施

实施环节是美育体系运行过程中至关重要的一部分，其核心在于将规划与设计阶段所设定的美育计划付诸实践。此阶段涵盖教学及其他形式的美育活动，且不仅仅局限于理论教学，还包含了丰富多样的实践活动。

在实施阶段，理论教学的任务是帮助学生理解和掌握美育的基本理念、原则和方法。通过讲授，可以使学生了解艺术的历史、理解艺术形式的特性、掌握艺术创作的技巧等，从而为实践活动打下坚实的基础。

然而，理论教学并不能满足美育的所有需求，实践活动在此环节中同样扮演着重要的角色。因为艺术是感性的，很多时候，通过实际的操作和体验，学生能够更深刻地理解和感受艺术。因此，实践活动，如绘画、雕塑、音乐表演等，都是此环节的重要组成部分。

实施阶段在美育体系中占据重要位置，其质量直接影响到整个体系的效果。负责人需要精心安排和执行各项活动，确保每一项活动都与美育计划紧密相连，既能满足理论学习的需求，又能提供足够的实践机会。这样，学生才能在美育活动中得到全面的发展，从而实现美育的目标。

3. 监测

监测环节在美育体系运行中起到了至关重要的作用，它是对所有美育活动进行连续的观察和记录，确保整个体系运作的正常和有效。无论是在教学活动中，还是在其他形式的美育活动中，监测环节都会被深入地应用。美育活动的过程和效果都是监测的主要内容。观察和记录活动的过程，可以帮助了解活动的实际情况，如学生的参与程度、活动的进展情况等。通过这些信息，可以及时地发现并解决问题，确保活动的顺利进行。

对于活动的效果，观察和记录也同样重要。这包括学生的学习成果，如他们掌握了多少知识、发展了哪些技能，以及他们在活动中表现出来的态度和情感等。这些信息可以用来评估活动是否达到了既定的目标，以及活动对学生的实际影响。

监测环节的重要性在于，只有通过观察和记录，才能真实、准确地了解美育活动的过程和效果，才能提供依据，进行下一步的反馈和调整。如果没有有效的监测，美育体系会偏离既定的方向，而且会忽视一些重要的问题和机会。因此，监测环节是保证美育体系健康运行的关键。

4.反馈

反馈环节是美育体系运行中的重要组成部分，它涉及对监测结果的深入分析和细致处理。这个环节的关键在于及时、准确地将监测结果反馈给参与者。无论是对教学效果的反馈，还是对实践活动的反馈，都需要精确而有针对性。

反馈可以帮助参与者了解在美育活动中的表现。比如，他们可以了解自己在理论学习和实践活动中掌握了多少知识和技能，展示了哪些优点和不足。这样，他们就能明确自己的优势和劣势，也能了解自己的进步和成长。

同时，反馈也可以指导参与者如何改善和提高。通过对参与者的表现进行分析，反馈能够提出具体的建议和策略，帮助他们改进不足，发挥优势，从而达到更高的水平。反馈不仅是对过去的总结，也是对未来的引导。

对参与者的审美素质发展而言，反馈环节具有至关重要的作用。反馈不仅能让他们了解自己，也能让他们得到提升。只有通过有效的反馈，参与者才能在美育活动中持续进步，实现自身的审美素质的全面发展。

（二）美育体系的管理

美育体系的管理是确保其持续、有效运行的关键，涵盖了组织、协调、评价和改进多个方面。如图 7-4 所示。

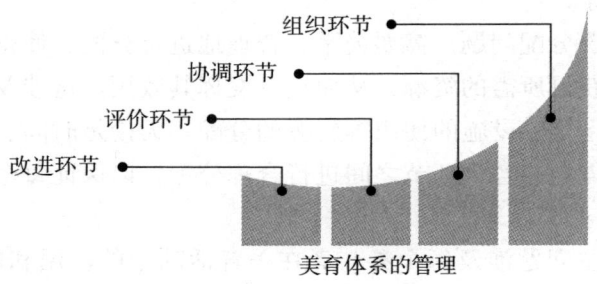

图 7-4 美育体系的管理

1.组织环节

美育体系管理中的组织环节在确保美育活动顺利进行中扮演着重要的角色。组织的核心工作在于整合并协调多元的资源，包括人力资源、物力资源，以及信息资源。

人力资源上，教师、学生和其他相关人员的作用不可或缺。教师是美育活动的引导者，他们需要具备专业的知识和技能，以便有效地传授美育知识，引导学生进行艺术创作。学生则是美育活动的参与者，他们的学习态度、参与程度直接影响到活动的效果。此外，还有诸如校领导、家长、社区等其他相关人员，他们的支持和参与也能为美育活动提供更宽广的环境和更丰富的资源。

物力资源，主要涉及教学设施、教材和器材等，它们为美育活动提供必要的物质支持。教学设施如艺术教室、画室、音乐室等，为学生提供良好的学习环境。教材和器材则直接影响到教学的质量和效果，比如适合学生的教材可以帮助他们更好地理解和学习知识，高质量的器材可以帮助他们更好地进行艺术创作。

至于信息资源，包括美育理念、教学方法、经验分享等，是为美育活动提供知识支持的关键元素。良好的美育理念可以引导所有人明确目标、选择正确的方向；有效的教学方法可以提高教学效果，激发学生的学习兴趣；而经验分享则可以帮助人们避免错误，取长补短。

2.协调环节

协调环节在美育体系管理中的角色至关重要，因为它涉及美育活动中出现的各种问题和冲突的处理，从资源分配问题、角色定位问题到责任分工问题等。

对于资源分配问题，需要公平、合理地进行分配，使得每个人、每个环节都能获得所需的资源，从而充分发挥其效用。这涉及对教师的培训、学生的指导、设施的使用等资源的分配。无论是时间、人力还是物力资源，都需要在各个环节之间进行合理分配，以保证每个环节都能得到有效的运行。

角色定位问题涉及每个参与者在美育活动中的作用和职责。教师、学生、管理者等每个人都需要明确自己的角色，以便在活动中有效地履行自己的职责。对角色的明确定位，有助于避免职责的混淆，提高工作效率。责任分工问题则关注到任务的明确分配。每个参与者需要知道自己的任务是什么，需要完成什么样的工作。这不仅有助于提高工作效率，而且还能让每个人都了解自己的工作如何影响整个美育活动的进行。

协调环节通过处理这些问题和冲突，以达成各方的利益平衡，消除活动障碍，进而保证美育活动的顺利进行。这一环节的成功执行，可以避免或最小化活动中的混乱和不确定性，从而提高美育活动的效率和效果。同时，有效的协调还可以加强参与者之间的合作和沟通，促进美育体系的和谐、稳定运行。

3.评价环节

美育体系管理的评价环节对于理解美育活动的实际效果，发现存在的问题，以及找出改进的方向具有关键性的影响。这个环节的主要任务是对美育活动及其效果进行系统的、多角度的分析，以收集和分析各种数据。

对美育活动的评价主要包括对美育活动的组织、实施、效果等方面的评价。例如，评价活动的组织过程中是否合理、有效，评价活动的实施过程中是否符合预期的计划和要求，评价活动的效果是否达到预定的目标。这样的评价旨在对美育活动的全过程进行全面的了解和把握。

美育活动效果的评价则更加注重活动的实际结果。这包括学生的艺术技能提升，审美情感的培养，以及美育知识的掌握等。这样的评价可以直接反映活动的效果，同时也可以帮助了解学生的学习进步情况。评价环节的数据收集和分析是至关重要的。涉及的数据包括但不限于学生的参与度、教师的教学质量、活动的满意度等。这些数据可以用来评价美育活动的效果，同时也可以用来发现活动中存在的问题。评价环节需要基于已收集和分析的数据找出改进的方向。这包括改变教学方法、优化资源配置、提升组织效率等。这一环节的目标是通过持续的改进，提升美育活动的质量，推动美育体系的发展。

4.改进环节

改进环节是美育体系管理中的一个关键环节，其主要任务是基于评价结果对美育体系进行持续的调整和优化。这个环节的核心思想是：只有不断改进，美育体系才能在持续适应变化的环境中满足日益增长的美育需求。

改进环节涉及多个方面的调整和优化，比如教学方法、资源配置和组织结构。对于教学方法的调整，包括采用新的教学手段或策略，改变教学内容的组织和呈现方式，以适应学生的学习需求和学习风格。这样的改进可以增强教学的有效性，提高学生的学习效果。

对于资源配置的优化，涉及重新分配教学资源，如人力、物力和信息资源等，使其更符合美育活动的实际需求。这样的优化可以使资源的利用更加有效，提高美育活动的运行效率。

对于组织结构的改变，涉及调整角色定位，重新分配任务和责任，改进工作流程等，使其更符合美育体系的运行需求。这样的改变可以提高美育体系的组织效率，促进各个环节的协调和配合。改进环节的一个重要目标是提高美育体系的教育效果和运行效率。通过不断的改进，美育体系可以更好地满足学生的美育需求，更有效地达到美育目标，更高效地运行美育活动。改进环节也有助于美育体系持续适应环境变化。随着社会的进步和发展，美育的需求和目标会发生变化，美育的手段和方法也需要更新。只有不断地改进，美育体系才能及时适应这些变化，继续为学生提供高质量的美育教育。

三、美育体系的改进和创新

（一）美育体系的改进

美育体系的改进是一个涉及收集反馈、诊断问题、设计解决方案以及实施与评价等多个步骤的复杂过程。这个过程需要有明确的目标、科学的方法和持续的努力，才能有效地改进美育体系，提高其运行效果。

1.收集各种形式的反馈

收集反馈的过程是对美育体系运行情况进行了解的首要步骤，反馈的多样性体现在内容和形式两个方面。在内容上，反馈涵盖教学效果、参与者满意度等多个方面，这为美育体系的全面评价提供了可能。在形式上，反馈的获取途径可以是问卷调查，面对面交流，或者在线平台评论等多种方式，使得反馈信息的获取更为全面和多元。这些反馈不仅为了解美育体系的运行现状提供了切实的数据支持，同时也能揭示美育体系中存在的问题和不足，为后续的改进工作提供了原始的、有力的依据。

进一步地，通过收集反馈的过程，也有利于深化对美育体系运行机制的理解，从而为以后的美育工作提供参考和启示。

2. 进行问题的诊断

诊断问题环节是对收集反馈数据进行深度挖掘，目的在于揭示美育体系中存在的问题和不足。此环节的重要性在于，只有明确了问题所在，才能有针对性地设计改进措施。对于反馈数据的分析涉及多个方面，包括但不限于教学内容、教学方法和评价体系等。这些方面的问题会在反馈数据中以多种形式显现出来，需要通过深入的数据挖掘才能找出。诊断问题的过程也是一个理解美育体系运行机制的过程，因为在这个过程中，会找出影响美育体系运行效果的关键因素。一旦找到了这些关键因素，就可以对美育体系的改进方向有一个更明确的设定，从而使改进工作更加有目标和针对性。在这个过程中，研究者需要具备扎实的专业知识，熟练的数据分析技能，以及敏锐的洞察力，才能充分挖掘反馈数据的价值，为美育体系的改进提供强有力的支持。

3. 设计出针对诊断结果的解决方案

设计解决方案的环节转化诊断结果为具体的行动指南。在此过程中，涉及对教学内容的调整，对教学方法的改良，或者对评价体系的优化等。这些解决方案应能够针对性地解决诊断出的问题，同时需具备实际操作性，既能落地实施，又能改善美育体系的运行状态。

关于教学内容的调整，根据反馈的结果进行必要的修改或补充，使教学内容更符合学习者的需求，更贴近实际，从而提高教学效果。对教学方法的改良包括引入新的教学理念或技术，以创新的方式进行教学，提高教学活动的吸引力和参与度，促进学习者的学习兴趣和动力。而对评价体系的优化则是更科学、公正地衡量学习者的学习进步和效果，通过有效地评价激发学习者的学习动力，提高学习者的学习成效。

值得强调的是，设计解决方案不仅要依据诊断结果，还需要充分考虑实施的条件和环境，以确保解决方案的可行性。实施的条件和环境包括人力、物力、财力、时间等多种资源，还包括参与者的接受度、配合度等因素。只有在充分考虑这些条件和环境的基础上，设计的解决方案才能真正地落地并发挥效果，从而推动美育体系的持续改进和发展。

4.实施改进策略并进行持续评价

执行改进策略与持续评价是美育体系改进工作的收尾环节，而这一环节同样极为关键。在此过程中，改进策略得以在实践中真正施展其作用，而通过连续不断的评估，人们可以洞察这些策略在实践中的真实效果。不仅如此，此阶段的评估结果还会为之后的改进工作提供实践证据和经验教训。

在改进策略的实施过程中，进行持续评价的重要性在于，这是一个发现问题、理解问题、解决问题的过程。实施过程中的问题和困难来自各个方面，如资源配置的问题、执行效率的问题、参与者反应的问题等。通过对这些问题的持续评价，可以及时发现和理解这些问题，找到问题的根本原因，然后针对性地进行解决，以保证改进策略的有效实施。另一方面，持续评价也是一个了解和验证改进效果的过程。通过对改进策略的持续评价，可以了解改进策略在实际操作中的效果，验证改进策略是否达到预期目标，以及是否产生预期效果。如果改进策略的效果不佳，可以及时进行调整和优化，以提高其效果。如果改进策略的效果良好，可以提供成功的经验和方法，为未来的改进工作提供参考。

在此过程中，持续评价既是对改进策略的检验，也是对改进过程的优化。只有通过持续的、科学的评价，才能确保美育体系的持续改进，提高其教育质量和效果，满足人们对美育的期待和需求。

（二）美育体系的创新

1.融入新理念

新理念的融入，为美育体系注入了生机与活力，对美育活动具有深远影响。比如，当人文关怀成为新的教育理念时，美育活动不仅聚焦于技能的传授，更开始关注个体的情感需求和精神生活。在这样的体系下，参与者在接触和理解艺术的过程中，会更加关注人的情感、思想、价值观，乃至对生活和社会的理解。这样的教育理念让美育活动的目标更加人性化，更具有人文性。

多元文化的理念引入，也为美育体系带来了更广阔的视野和更丰富的内涵。在多元文化的理念下，美育活动更加注重对不同文化的尊重和包容，让参与者在接触各种各样的艺术形式和文化元素的同时，理解和尊重文化的多样性。这不仅丰富了美育的内容，也让参与者有机会接触并理解不同的文化，培养他们的全球视野和跨文化理解能力。

融入新的教育理念，对美育体系的持续创新有着重要意义。它不仅能够使美育体系保持与时俱进，适应社会的发展变化，还能够提高美育活动的教育质量和效果，满足参与者日益增长的美育需求。同时，新理念的引入也能提升美育活动的人文性和多元性，使美育活动成为培养参与者全面素质，特别是人文素质、创新思维和跨文化交际能力的重要场所。

2. 引入新技术

新技术的引入，为美育体系的教学方式和学习体验带来了革新。例如，多媒体技术的运用，可以丰富教学内容的展示形式，通过图片、音频、视频等多元的媒介形式，使艺术形象更为生动、直观。同时，多媒体技术也可以支持互动教学，使学习过程变得更为参与性和体验性，从而提高参与者的学习兴趣和教学效果。

网络技术的利用，也为美育体系带来了巨大的变革。网络使教学资源的获取和分享变得更为便捷，打破了时间和空间的限制，使美育活动可以跨越地域，达到更广泛的群体。网络也支持了远程教学、协作学习等新的教学模式，使美育体系更为灵活，可以满足不同参与者的个性化需求。

新技术还包括虚拟现实 (VR)、增强现实 (AR)、人工智能 (AI) 等先进技术，它们的应用，无疑将大大提升美育活动的吸引力和教学效果，同时也为美育体系提供了无限的创新可能。如虚拟现实技术，可以为参与者提供全新的感官体验，使他们如身临其境般接触和理解艺术；人工智能技术，可以提供智能化的教学辅助，如智能推荐、智能评估等，从而提高教学效率，优化学习体验

3. 开发新活动

在开发新的美育活动时，审美研讨和艺术实践是具有代表性的例子。审美研讨活动以提升参与者的审美素养为主要目标，通过对艺术品的深入讨论，引导参与者发现和感受艺术的美，提升他们的审美能力和素养。这类活动可以针对不同的艺术类别，如音乐、绘画、雕塑等，也可以针

对不同的艺术主题，如历史、人文、社会等。审美研讨活动的开展，需要有专业的引导和适当的讨论环境，以确保讨论的深度和广度。

艺术实践活动则以提升参与者的艺术技能为主要目标，通过实际的艺术创作，让参与者深入参与到艺术的创作过程中，体验艺术的魅力，提升他们的艺术技能。这类活动可以包括各种形式，如绘画、雕塑、舞蹈、戏剧等，旨在提供多元化的艺术体验。艺术实践活动的开展，需要有专业的指导和充分的实践机会，以确保参与者可以得到有效的学习和进步。

开发新的美育活动，无疑为美育体系的创新提供了广阔的空间。新活动的设计和实施，不仅可以满足参与者多元化的美育需求，也可以激发参与者的学习兴趣，提高美育活动的教育效果和参与度。这也意味着，美育体系的创新，不仅在于理念的更新和技术的引入，更在于活动的开发和实践，以实现美育工作的持续发展和提高。

4.探索新模式

探索新模式是美育体系创新的重要方向。这意味着根据特定的社区特点、地理环境、文化背景等，寻找并应用最符合本地或机构特性的美育模式。可能的模式包括整合资源、合作办学等，其中每一种模式都有其独特的优点。

整合资源模式注重提高资源的利用效率。这种模式下，美育活动的组织者会积极寻找可用的资源，将其整合在一起，用于美育活动的开展。这些资源可能包括教学资料、场地设施、教师队伍、外部合作等。通过有效整合，这种模式可以让有限的资源发挥出最大的效果，进一步提高美育活动的质量和效果。合作办学模式则注重拓宽教育资源，提高教育质量。在这种模式下，不同的机构或团体会进行合作，共同开展美育活动。这种合作可以带来更多的教育资源，也可以引入更多的教育理念和方法，从而提高美育活动的质量和多样性。探索新模式是美育体系持续、健康发展的重要保证。它能够使美育体系适应不断变化的环境，满足多样化的美育需求，提高美育活动的教育效果和影响力。同时，新模式的探索和实施，也可以为美育体系的创新提供丰富的经验和实践，为美育工作的持续发展提供强大的动力。

5.某高校的美育体系创新计划

（1）融入新理念。该高校美育体系通过融入新的教育理念，将美育活动定位为培养学生全面素质和人文素养的重要组成部分。他们引入了人文关怀的教育理念，关注个体的情感需求和精神生活。在美育活动中，除了传授技能，他们还注重学生对艺术作品背后的情感、思想和价值观的理解。此外，他们也积极引入多元文化的理念，通过各种艺术形式和文化元素的交流与融合，促进学生对不同文化的尊重和理解。通过对参与者的调查，发现有超过80%的学生认为美育活动有助于培养他们的人文素养和情感认知能力。此外，学生参与美育活动后的满意度调查显示，超过90%的学生认为美育活动在提升他们的审美意识和思想境界方面具有积极作用。

（2）引入新技术。为了提升美育体系的教学方式和学习体验，该高校引入了新技术。他们利用多媒体技术丰富教学内容的展示形式，通过图片、音频、视频等多元媒介，让学生更直观地感受艺术形象。他们还充分利用网络技术，为学生提供更便捷的教学资源和交流平台，打破时间和空间的限制。

学生对新技术在美育活动中的应用进行了评价。调查结果显示，超过70%的学生认为多媒体技术的运用丰富了教学内容，使艺术作品更生动、直观。此外，超过80%的学生认为网络技术的利用提高了学习的便捷性和互动性，使他们可以更广泛地接触和分享艺术资源。

（3）开发新活动。该高校美育体系积极开发新的美育活动，以满足学生的多样化美育需求。他们组织审美研讨活动，通过深入讨论艺术作品，提升学生的审美能力和素养。他们还开展艺术实践活动，让学生参与艺术创作，深入体验艺术的魅力，提升他们的艺术技能。调查显示，超过60%的学生参与了审美研讨活动，并表示通过深入的讨论，他们对艺术作品的理解和欣赏能力得到了提升。此外，超过70%的学生参与了艺术实践活动，并表示通过实际的艺术创作，他们的艺术技能和创造力得到了增强。

（4）探索新模式。该高校美育体系通过探索新的美育模式，为美育工作提供了更大的发展空间。他们采取整合资源模式，整合各种美育资源，提高资源的利用效率。他们还与其他机构或团体进行合作办学，共同开展美育活动，拓宽教育资源和教学方法。通过合作办学模式，该高校与一个艺术机构合作开展了一系列美育活动，包括艺术展览、艺术讲座和艺术交流活动。这些活动吸引了超过 500 名学生参与，并得到了学生、教师和社会的积极评价。

　　以上数据和案例详细地展示了该高校美育体系创新计划在融入新理念、引入新技术、开发新活动和探索新模式方面的实际应用和成效。这些数据反映了学生对美育活动的积极反馈和对美育体系创新的认可，进一步证明了创新对于美育工作的重要性和价值。

第三节　实践美育活动

一、美育活动的设计与组织

　　美育活动的设计和组织是实践美育的核心任务。设计好美育活动需要深入理解美育的目标和内容，以及参与者的需求和兴趣；而组织好美育活动则需要高效利用资源，精确执行计划，熟练处理各种问题。

（一）美育活动的设计

1.确定活动目标

　　确定活动目标是美育活动设计过程的首要任务，它为活动的进一步设计和实施提供了方向和目标。一次成功的美育活动应该有明确、明确的目标，这些目标应该与美育的总体目标紧密相关，例如提高参与者的审美能力、促进创新思维、发展艺术技能等。

　　活动目标的设定需要考虑其针对性和可实现性。针对性是指活动目标要针对参与者的特定需求或缺陷，比如对于初学者，目标可能是基本的艺术技能训练和审美教育；对于更高级的学习者，目标可能是深化艺术理解，培养独立的艺术创作能力等。可实现性则是指活动目标要在现实情况下可达成，需要考虑到活动的时间、地点、资源等限制因素。确定活动目标还有助于衡量活动的效果和影响。通过比较活动前后参与者的变化，可以判断活动是否达到了预期的目标，从而为美育活动的持续改进提供依据。同时，明确的活动目标也可以帮助参与者明确学习期待，提升参与积极性。

2.选择活动内容

选择活动内容是美育活动设计中至关重要的一环，这不仅需要考虑到活动目标，而且需要充分考虑参与者的需求和兴趣。良好的活动内容选择应以参与者为中心，满足他们的学习需求，同时激发他们的学习兴趣。

艺术创作、艺术欣赏、艺术批评和艺术研究等都是美育活动内容。在选择活动内容时，需要将其与活动目标进行匹配，确保活动内容能够有效地帮助实现设定的目标。例如，如果活动目标是提高参与者的艺术创作技能，那么艺术创作的活动内容将是最佳选择。另一方面，活动内容的选择也需要考虑到参与者的个体差异，包括他们的年龄、性别、文化背景、兴趣爱好等。例如，对于年轻的参与者，可以选择更加活泼、互动性强的活动内容；对于具有一定艺术基础的参与者，可以选择更加深入、专业的活动内容。

活动内容的选择应当力求丰富和多样，以满足不同参与者的需求。可以通过设计不同主题、不同形式、不同层次的活动，使参与者在多样化的学习体验中，感受美、懂得美、创造美，达到美育的目的。

3.设定活动形式

设定活动形式是美育活动设计的重要环节，它需要与活动内容相协调，同时考虑到活动的可行性和有效性。美育活动的形式多种多样，包括课堂教学、工作坊、讲座、研讨会、展览、表演等。活动形式的设定应注重实践性和参与性，以促进参与者的主动参与，并提高活动的教学效果。

在选择活动形式时，需要综合考虑多个因素。

首先，要考虑活动内容和目标。不同的活动形式适用于不同的内容和目标。例如，课堂教学适用于系统性的知识传授和技能培养，工作坊适用于互动性和实践性较强的学习体验。

其次，要考虑参与者的特点和需求。活动形式应与参与者的背景和兴趣相匹配，以提高他们的参与度和学习效果。例如，对于年轻的参与者，可以设计更加互动和趣味性的活动形式；对于成年学习者，可以设计更加深入和专业的研讨会形式。

活动形式的设定还需要考虑到资源和场地的可行性。根据可用的资源和场地条件，选择适合的活动形式，确保活动能够顺利进行。

（二）美育活动的组织

美育活动的组织是一种复杂的过程，其成功依赖于各种因素，包括资源的准备、人员的协调、实施的指导以及进度的监控。

1.准备资源

任何美育活动的成功实施都需要充足的资源。这些资源包括教学材料，例如书籍、音乐、艺术作品、电影等；设备，如音响设备、投影设备、电脑等；场地，如教室、礼堂、展览厅等。资源的准备还包括预算的规划和执行，以便在活动过程中能够满足各种需要。如果有足够的预算，还需要考虑如何最有效地利用这些资源，比如通过购买新的教学材料或升级设备。

2.协调人员

美育活动的组织需要协调各种参与者。学生是活动的主要参与者，教师是活动的组织者和引导者，家长和志愿者也参与到活动中。协调人员的任务包括制定并传达活动规则，确保每个人都明白他们的角色和责任。此外，还需要考虑每个人的需求和能力，以便为他们提供适当的支持。

3.指导实施

美育活动的组织者需要根据教学计划指导活动的实施。这包括发布指令，例如告知学生活动的步骤和期望的结果；解答疑问，如回答学生关于活动内容或过程的问题；调解冲突，例如处理出现的不同意见或争论。指导实施还需要考虑如何激发学生的积极参与，例如通过鼓励他们提出自己的想法和感受。

4.监控进度

美育活动的组织者需要持续监控活动的进度。这包括跟踪活动的时间进度，例如确保每个步骤都在计划的时间内完成；跟踪任务的完成情况，如检查学生是否按照指示完成了任务；评估效果，如收集反馈，了解学生对活动的感受和学习成果。监控进度的目的是保证活动的顺利进行，并且在出现问题时能够及时进行调整。

二、美育活动的实施和管理

（一）美育活动的实施

美育活动的实施是一个从教学计划转向实际操作的关键过程，它是实现美育目标的具体步骤。实施美育活动的主要步骤包括导入活动、进行活动和结束活动。如图 7-5 所示。

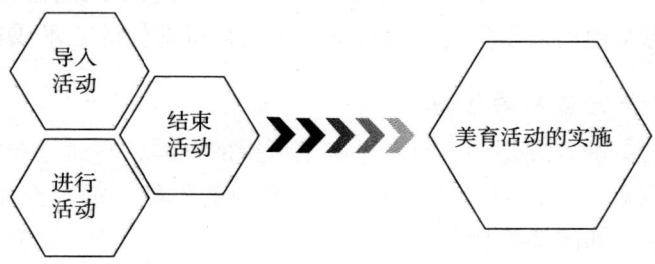

图 7-5　美育活动的实施

1.导入活动

这是美育活动开始的关键阶段，它的目的是激发学生的兴趣，为他们提供一个参与活动的动机。通过引导话题，教师可以介绍即将探讨的艺术主题或概念，从而让学生对活动产生好奇心。例如，如果活动是学习绘画，教师可以通过介绍不同的绘画风格或技巧来导入话题。此外，示范操作也是一个有效的方式，让学生了解他们将会做什么，以及如何做。通过观察和学习，学生可以了解活动的基本步骤和期望的结果，从而更好地参与活动。

2.进行活动

在此阶段，教学计划将被实际实施。教师的主要任务包括讲解概念、示范技巧、引导实践和组织讨论。首先，教师需要清晰、准确地讲解相关的艺术知识和技能，以便学生能够理解和掌握。然后，教师可以通过示范来进一步说明和强调重要的技巧或方法。在学生实践的过程中，教师应鼓励学生尝试、探索和创新，同时也要为他们提供必要的帮助和指导。最后，组织讨论可以帮助学生分享他们的想法、感受和经验，从而提高他们的艺术理解和创造力。

3.结束活动

活动的结束阶段并不意味着学习的结束。相反，通过总结、评价和反思，学生可以巩固他们的学习成果，提高他们的自我意识和批判性思维。总结可以帮助学生复习和整理他们在活动中学到的知识和技能。评价可以让学生了解他们的学习效果，认识到自己的优点和不足。而反思则是一个深化学习的过程，通过反思，学生可以从不同的角度审视自己的作品，思考他们的创作过程和选择，从而促进他们的艺术成长。

（二）美育活动的管理

美育活动的管理是一个复杂且必不可少的过程，它通过规划、组织、领导和控制等手段，为活动的实施提供有效的保障。每一步都有其重要性和独特性。如图7-6所示。

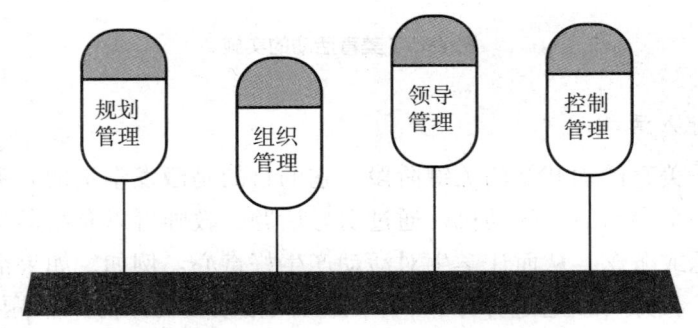

图7-6 美育活动的管理

1.规划管理

规划是管理过程的第一步，也是最为关键的一步。它包括确定活动的目标、策略、步骤和标准。活动的目标定义了活动的最终结果，比如，学生应该掌握哪些知识和技能，达到何种艺术理解水平等。策略是达成目标的方法和手段，包括教学方法、评估方式等。步骤则是按照特定顺序进行的具体活动，比如先进行讲解，再进行实践等。标准是评价活动是否成功的准则，包括对学生学习成果的期望、活动的时间和资源要求等。

2. 组织管理

组织管理是一种关于如何有效利用资源以达到规划目标的过程。它涉及对活动进行规划、组织、领导和控制，以确保组织能够高效地运行并实现预期的成果。分工是组织管理中的重要方面之一。通过分工，任务和责任可以根据每个人的能力和职责进行合理的分配。这可以提高工作效率，使团队成员能够专注于自己擅长的领域，并在协同合作中发挥最佳的能力。良好的协作能够促进团队成员之间的合作和互动，通过分享信息、资源和知识，达到共同目标。有效的协作可以提高团队的效率、创造力和创新能力，帮助组织应对各种挑战和变化。沟通在组织管理中也起着至关重要的作用。良好的沟通流程和渠道可以确保信息在组织内部顺畅传递，并促进有效的决策和问题解决。沟通不仅包括信息的传递，还包括有效的倾听和反馈机制，以确保共享理解和团队合作。良好的决策过程需要有效的信息收集、分析和评估，以及权衡利弊并做出明智的选择。合理的决策能够帮助组织应对挑战，优化资源配置，实现目标，并为组织的发展提供方向。

通过有效的组织管理，组织能够实现高效的资源利用、协作效能和决策效果。这有助于提高活动的效率和效果，增强组织的竞争力和适应能力，促进组织的稳定发展和持续创新。因此，组织管理在各个领域和层级都具有重要的作用，并被视为组织成功的关键要素之一。

3. 领导管理

领导管理主要关注如何通过领导行为和风格影响和激励活动的参与者。指导是提供明确的方向和帮助，鼓励是激发参与者的积极性和创造性，批评是提供反馈以促进改进，示范是展示良好的行为和技能。有效的领导管理可以提高参与者的满意度和活动的成功率。

4. 控制管理

控制管理是保证活动的实施符合计划的过程。它通过监测、比较和纠正等方式进行。监测是收集关于活动进度、效果和满意度的信息，比较是将实际结果与计划标准进行对比，纠正是采取措施修正偏差。有效的控制管理可以确保活动按计划进行，避免意外问题，及时做出调整。

三、美育活动的效果评价

美育活动效果评价是一个深入了解并改进美育活动的重要手段。通过有效的评价，可以明确活动效果，检验达成目标的效率和有效性，以及提供改进方向。如图 7-7 所示。

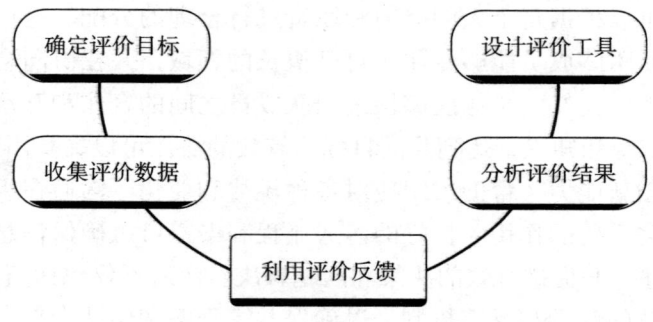

图 7-7　美育活动的效果评价

（一）确定评价目标

确定评价目标是评价美育活动效果的第一步，它对于整个评价过程的方向和有效性非常重要。评价目标应与美育活动的目标相一致，并且需要明确、可衡量。

1.确定活动的主要目标

首先要明确美育活动的主要目标是什么。例如，是培养学生的审美能力、提高艺术表达技巧，还是增强学生对文化遗产的理解和欣赏能力等。确保评价目标与活动的核心目标一致，这样评价结果才能真正反映出活动的效果。

2.明确评价目标的具体指标

为了衡量评价目标的达成程度，需要将目标转化为具体的评价指标。以培养学生的审美能力为例，评价指标包括学生对不同艺术形式的理解和鉴赏能力、学生创作作品的质量等。这些指标应该能够被具体观察和测量，以便后续的评价工作能够进行。

3.确定评价目标的时间范围

美育活动的效果评价需要考虑活动的长期效果和短期效果。长期效果评价可以关注学生在较长时间内的发展和变化，而短期效果评价可以关注学生在活动期间的学习成果和表现。根据评价目标的不同，确定评价目标的时间范围，并在评价工具的设计和数据收集中考虑这一点。

4.考虑评价目标的多样性

美育活动的评价目标不仅仅限于学生个体的发展，还可以包括活动过程中的其他因素，如教学方法的有效性、学生参与度等。这些因素的评价目标也需要明确和具体化，以便综合评价整个活动的效果。

（二）设计评价工具

设计合适的评价工具是评价美育活动效果的关键步骤。评价工具的设计应该能够准确地反映评价目标，并且具备可靠性和效度。

1.多元化评价工具

根据美育活动的性质和评价目标的不同，可以采用多种评价工具来收集数据。常用的评价工具包括问卷调查、观察记录和学生作品分析等。问卷调查可以量化学生的反馈和观点，观察记录可以提供详细的活动过程信息，学生作品分析可以直观地展示学生的学习成果。结合不同的评价工具可以获得更全面、准确的评价结果。

2.构建可靠的评价工具

评价工具的可靠性是指在重复使用和不同评价者之间能够得出一致的评价结果。为了提高评价工具的可靠性，需要确保评价工具的指导性和明确性。评价工具应该清晰地定义评价指标和评分标准，以减少主观性的干扰。此外，可以进行试用和修订，通过反复测试和校准，以确保评价工具的一致性和稳定性。

3.提高评价工具的效度

效度是评价工具准确测量所评价内容和目标的能力。增强评价工具效度的关键在于保证评价工具与评价目标的匹配程度。设计评价工具时，应以评价目标中的具体指标为依据，使得工具能够准确反映被评价的内容。另一种验证评价工具效度的方法是，将其与其他已经过验证的评价工具进行比对和关联分析。

4.考虑数据收集的实际可行性

在设计评价工具时，需要考虑数据的收集方法和可行性。评价工具应该能够便于实施和操作，以便能够在实际的美育活动中进行数据收集。同时，要考虑评价工具的时间和资源成本，确保评价工具的设计能够在实际条件下有效运用。

（三）收集评价数据

收集评价数据是评价美育活动效果的重要环节，它提供了客观的信息和证据，用于分析和评估活动的效果。

1.数据收集时机的确定

根据美育活动的性质和评价目标，确定数据收集的时机是很重要的。数据收集可以在活动进行过程中、活动结束后或两者结合进行。在活动进行过程中收集数据可以提供对学生学习过程的详细观察和记录，而在活动结束后收集数据可以评估学生的学习成果和整体活动效果。根据评价目标的不同，选择合适的时机进行数据收集。

2.选择合适的数据收集方法

根据评价目标和评价工具的设计，选择合适的数据收集方法实施。常用的数据收集方法包括问卷调查、观察记录、学生作品分析、学生访谈等。在选择数据收集方法时，要考虑其可行性、有效性和可靠性。确保数据收集方法能够准确地反映评价目标，并能够在实际操作中进行。

3.数据收集的全面性和准确性

在数据收集过程中，要尽可能收集全面和准确的数据，以便能够真实地反映活动的情况和效果。对于问卷调查和观察记录，要确保问题清晰明确，数据收集过程规范。对于学生作品分析，要进行全面而细致的评估，考虑到作品的质量、创意和技巧等方面。数据收集的准确性可以通过训练评价者、双重评价和数据校验等方式来提高。

4.保护数据的隐私和机密性

在数据收集过程中，要确保保护学生和参与者的隐私和机密性。确保数据的收集、存储和处理过程符合相关的法律法规和伦理要求。可以采用匿名化和编码等方式，保护数据的隐私性和机密性。

5.数据收集的系统性和持续性

数据收集应该具备系统性和持续性，以便能够对活动的效果进行全面和长期的评估。建立评价数据的收集和记录系统，及时整理和存档收集到的数据。此外，可以考虑多次数据收集，以获得不同时间点的数据，从而更好地了解活动的变化和发展。

（四）分析评价结果

分析评价结果是评价美育活动效果的关键步骤，它涉及对收集到的数据进行清理、分类、汇总和解读，以得出有关活动效果的结论。

1.数据清理与准备

在分析评价结果之前，需要进行数据清理与准备的工作。这包括检查数据的完整性、一致性和准确性。需要查看是否有缺失的数据、异常值或错误录入的情况，并进行修正或删除。确保数据的准确性和可靠性，以便后续的分析能够基于高质量的数据进行。

2.数据分类与汇总

根据评价目标和所收集到的数据，将数据进行分类和汇总。这可以根据不同的评价指标、参与者的特征或其他相关因素来进行。例如，可以将学生的观点和反馈进行分类，对作品质量进行评分汇总，或者将观察记录按照活动过程进行整理。这样可以为后续的数据分析提供有组织的数据结构。

3.数据分析方法的选择

根据评价目标和数据的性质，选择合适的数据分析方法进行。常用的数据分析方法包括描述性统计分析、相关性分析、比较分析等。描述性统计分析可以用来描述数据的基本特征，如平均值、标准差和频率分布等。相关性分析可以帮助了解不同变量之间的关系，比较分析可以对不同群体或时间点的数据进行比较。根据具体情况选择适当的分析方法，以便能够回答评价目标所关注的问题。

4.结果解读与归纳

在进行数据分析的基础上，解读评价结果并进行归纳总结。根据分析结果，评估活动的效果和达成目标的情况。关注重要的趋势、关联或差异，并从中提取关键发现。将分析结果与评价目标进行对比，看是否达到预期的效果，并发现活动中的优点和改进的方向。确保评价结果的解读具有客观性和科学性，并进行合理的推断和推论。

5.可视化报告与沟通

将评价结果以可视化的形式呈现，例如制作图表、图形、报告或演示文稿等，以便于理解和沟通。可视化报告可以帮助活动组织者和参与者更直观地了解评价结果，并促进讨论和决策。确保报告的结构清晰、信息准确，并针对不同的受众进行适当的呈现方式。

（五）利用评价反馈

利用评价反馈是评价美育活动效果的关键环节，它可以将评价结果传达给活动组织者和参与者，以供他们参考和改进。

1.及时性的反馈

及时反馈有助于保持活动的连续性，并为改进下一次活动提供参考。确保评价结果在活动结束后的合理时间内进行整理和沟通，以便及时启动改进措施。

2.公正性和客观性的反馈

反馈过程应保持公正和客观，以确保评价结果的可信度和权威性。反馈的内容应基于评价数据和分析结果，避免主观臆断和偏见。确保反馈信息的准确性和全面性，以提供准确的参考和指导。

3.建设性的反馈

反馈应具有建设性，以促进改进和学习。除了指出问题和不足之外，还应提供具体的改进建议和行动方案。反馈应着重于激励和支持参与者，激发他们的积极性和创造力。确保反馈信息能够启发思考和行动，推动活动的进步和发展。

4.多元化的反馈形式

考虑使用多种形式的反馈，以满足不同参与者的需求和偏好。反馈可以通过会议、工作坊、报告、邮件等形式进行。根据不同的受众，选择合适的沟通方式和工具，以便有效传达评价结果和建议。

5.参与者的参与和接受

鼓励参与者积极参与反馈过程，并尊重他们的观点和反馈。建立开放的沟通渠道，鼓励参与者分享他们的观察和经验。确保参与者能够接受和理解评价结果，愿意参与改进和学习的过程。

第八章　美育视角下的审美素质养成挑战及对策

第一节　审美素质养成面临的挑战

一、社会环境的挑战

社会环境为美育活动提供了丰富的资源和平台，然而也带来了一些挑战。

随着科技的快速发展，媒体和网络成为审美教育的新舞台。这两者对于个体的审美影响越来越大，使得审美风尚变得多元化并快速变化。例如，通过网络，青少年能够接触到来自世界各地的艺术作品，学习和模仿不同的审美观念和表现形式。然而，这也意味着审美风尚的变化速度超过了教育者的适应速度，增加了审美素质培养的难度。

社会环境中商业化和物质化的趋势会导致审美价值的曲解。例如，媒体广告和社交媒体经常以外表、名牌和奢华生活作为美的象征，导致一些人过于追求形式和表面，忽视了审美的真实和内涵。这种偏离真实审美的现象对于审美素质的培养构成了挑战。

社会环境中的不公平和不平等也影响到美育活动的推行。在一些地区，由于经济条件、文化环境等因素，美育资源的分配和使用存在严重的不均衡。这使得一些地区的孩子，尤其是来自低收入家庭的孩子，无法享受到足够的美育机会，无法全面发展自己的审美素质。

在社会环境的挑战面前，审美素质培养需要在积极接受新的审美风尚、抵制物质化审美观念，和提高所有人的美育机会等方面做出努力。

二、教育环境的挑战

教育环境对审美素质的培养起着至关重要的作用，然而在当前的教育体系中，美育活动的发展面临着一系列的挑战。

一个关键的问题是教育资源的匮乏。相比于其他的教育资源，美育所需的资源常常被视为次要的，因此在分配上也往往受到忽视。这包括教材、设施、设备等硬件资源，以及教师、课程、活动等软件资源。资源的不足直接影响了美育活动的实施质量和广度。

现行的教育政策也存在着问题。在多数教育体系中，理科教育的地位被过分强调，而美育则被边缘化。这种教育政策的倾斜，导致了在校内外的美育活动不足，也影响了学生和家长对美育重要性的认知。

教师素质是影响美育活动质量的另一重要因素。许多教师缺乏美育教学的专业知识和技能，无法进行有效的美育教学。此外，部分教师也忽视了美育在整个教育体系中的重要作用，认为美育是可有可无的。

在教育环境中，审美素质的培养需要在提高美育资源投入、调整教育政策重心、和提升教师美育素质等方面寻求改进。这不仅需要教育部门的重视和投入，也需要社会的广泛关注和支持。

三、个体差异的挑战

审美素质的养成是一个复杂的过程，受到个体的自身特性和背景等多种因素的影响。这使得个体差异成为美育工作的一个重大挑战。

每个人都有独特的审美能力和兴趣，对美的理解和追求也各有不同。这就要求美育工作不仅要考虑到广大学生的共性需求，也要关注到他们的个性需求。然而，在实际操作中，如何设计和实施针对性的教学策略，既能满足大多数人的需求，又能照顾到个体的特殊性，这是一个极具挑战性的问题。

个体的家庭环境、性格特点、学习动机等因素，也会对审美素质的培养产生重要影响。例如，家庭环境的文化氛围、父母的教育态度、兄弟姐妹的影响等，都会影响到个体对美的认知和接受。性格特点，如开放性、外向性等，会影响个体对美育活动的接受度和参与度。而学习动机，包括内在动机和外在动机，也会影响到个体的学习效果。

在个体差异的挑战面前，审美素质的培养需要注重个性化教学，尊重学生的多元化需求和特点，同时也要关注到家庭、性格、动机等影响因素，以全方位、多角度推进美育工作的实施。

第二节　审美素质养成的建议

一、面对社会环境挑战的建议

面对社会环境挑战的建议如图 8-1 所示。

图 8-1　面对社会环境挑战的建议

（一）与科技发展同步

面对科技发展带来的多样化和加速变化的审美观念，利用这一挑战作为机会，通过引导和教育，帮助学生理解和接受多元化的审美观念，并在变化中保持自己的审美独立性。

教师可以通过充分利用互联网和媒体资源，引导学生获取有价值的审美信息。他们可以分享来自不同文化、不同领域的艺术作品和表现形式，让学生了解和欣赏各种审美风格和表达方式。通过与科技发展同步，教师可以将学生与当今审美潮流联系起来，并帮助他们从中获得灵感和启发。

教师还可以教授学生如何辨识和抵制不良的审美影响。随着社交媒体的盛行，学生常常暴露在大量的虚假美和标准化审美的洗礼中。教师可以引导学生发展批判性思维，培养他们对审美信息的辨别力和判断力。通过引导学生分析和评估审美内容的真实性、品质和价值，他们可以更好地抵制来自社交媒体和商业广告的消费主义审美观念的影响。

教师还可以组织学生参与创造性的数字媒体艺术活动。通过教授学生使用多媒体工具和软件，鼓励他们自己创作和表达审美观点，培养他们在数字时代中的审美表达能力。这样的活动可以帮助学生将科技与审美结合起来，发挥科技在创作和传播美的作用。

（二）抵制物质化审美观念

对于社会环境中商业化和物质化的趋势，人们需要通过教育和引导，帮助学生形成真实的、内在的审美观念，避免被外在的、形式化的美所迷惑。

教师可以通过课堂教学和美育活动，让学生了解审美观念的本质和内涵。通过引导学生思考美的真正含义，不仅限于外表的表面美，而是注重内在的品质和情感内涵。教师可以通过艺术作品的赏析和讨论，引导学生从更深层次去理解和欣赏美。

可以组织学生参与实践性的美育活动，以培养学生对审美的体验和创造能力。这些活动可以包括艺术创作、文化体验、戏剧表演等，通过亲身参与和体验，学生可以深入感受美的内在价值，不再只追求外在的物质形式。同时，教师还可以鼓励学生分享自己的审美观点和体验，让学生从彼此的交流中形成真实的、个性化的审美观念。

教师可以通过教育课程的设计，引导学生思考和探索美的意义和价值。例如，在美育课程中加入一些关于消费主义和物质文化的讨论，让学生了解到物质化审美观念的局限性和消极影响，以此培养学生对物质化美的批判意识和抵抗能力。

与家长和社区合作，共同努力抵制物质化审美观念的影响。通过与家长和社区的沟通和合作，可以共同营造一个倡导内在美、真实美的环境。例如，可以组织家长和社区成员参与美育活动，开展讲座和座谈会，共同探讨和推广真实美的理念。

（三）平衡美育资源分配

面对社会环境中的不公平和不平等，人们需要关注那些在美育机会上受到限制的地区和群体，并努力改善他们的状况。

政府可以通过制定相关政策和法规来促进美育资源的平衡分配。政府可以增加对美育事业的投入，提供更多的资金和支持，特别是在经济相对薄弱的地区和社区。此外，政府还可以建立美育奖学金和补助计划，为那些有经济困难但有艺术天赋的学生提供资助和机会。

社会各界可以积极参与到美育资源分配的改善中来。非营利组织、企业和社区团体可以通过捐赠和赞助的方式，支持贫困地区和低收入家庭的美育项目和活动。同时，他们还可以与学校和艺术机构建立合作伙伴关系，共同开展美育项目，为更多的学生提供接触艺术和审美教育的机会。

教育机构和学校可以采取一系列措施，以促进美育资源的平衡分配。学校可以积极争取更多的美育资源，包括人力和物力资源的投入，以确保学生能够接受全面和高质量的美育教育。学校还可以开展美育交流活动，与其他学校和艺术机构进行合作，共享美育资源，提供更多的机会和平台给学生参与艺术和文化活动。

家庭也扮演着重要的角色，通过积极参与和支持孩子的美育发展，提供额外的美育资源和机会。家长可以鼓励孩子参加艺术班、美术培训、音乐课程等，培养他们的艺术兴趣和才能。此外，家庭还可以与学校合作，共同营造一个重视美育的家庭和校园环境。

（四）促进社区和家庭的参与

社区和家庭对个体的美育发展起着重要的作用，因此需要引导社区和家庭积极参与到美育活动中来，提供更多的美育机会和资源。

建立社区美育中心或艺术中心，成为社区艺术和美育活动的重要场所。这样的中心可以提供艺术展览、音乐会、戏剧演出等各类艺术活动，吸引社区居民参与和欣赏。同时，这样的中心也可以提供美术、音乐、舞蹈等艺术培训课程，为社区居民提供学习和发展的机会。

组织社区艺术节和文化活动，鼓励社区居民参与和展示自己的艺术才华。社区艺术节可以是一个集结社区居民的盛大活动，提供展示个人才艺的机会，同时也促进社区之间的交流和合作。此外，社区还可以组织艺术工作坊、讲座和座谈会，让居民有机会深入了解艺术和美育的重要性。

同时学校和教育机构应积极与家庭合作，共同促进美育的发展。学校可以组织家庭美育项目，鼓励家长参与学生的艺术作品展示、文化节庆等活动。家长可以通过参观学校的艺术展览、观看学生的演出等方式，了解孩子在美育方面的发展，并提供必要的支持和鼓励。同时，学校还可以定期与家长进行沟通和交流，分享学生在美育方面的进展和成果。

鼓励家庭开展艺术和美育的家庭活动。家长可以与孩子一起参观艺术展览、音乐会、戏剧演出等，共同欣赏和讨论艺术作品。家庭可以组织家庭艺术创作时间，鼓励孩子进行绘画、手工艺制作等艺术活动，培养他们的创造力和审美能力。通过家庭的参与和支持，孩子能够更好地体验和理解艺术，从而加深对美育的兴趣和热爱。

二、面对教育环境挑战的建议

面对教育环境挑战的建议如图 8-2 所示。

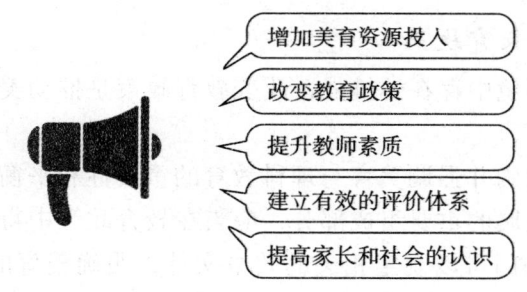

增加美育资源投入

改变教育政策

提升教师素质

建立有效的评价体系

提高家长和社会的认识

图 8-2　面对教育环境挑战的建议

（一）增加美育资源投入

改善美育教育资源的配置是应对教育环境挑战的关键对策之一。为了提升美育教育的质量和覆盖范围，需要增加对美育资源的投入。

加大对美育教材的编写和出版力度。美育教材是教师教学和学生学习的重要依据，因此需要针对不同年级和学科制定相关的美育教材。这些教材应当具有权威性、科学性和可操作性，能够引导学生全面了解和掌握美育的理论和实践知识。

加强美育设施和设备的建设。学校和教育机构应当提供良好的美育学习环境，包括美术室、音乐室、舞蹈室、戏剧剧场等专门的美育场所。同时，应当配备先进的美育设备和工具，如乐器、绘画工具、舞台设备等，以提供更好的学习和实践条件。

加大对美育教师的培养和支持力度。美育教师是美育教育的中坚力量，他们的专业素质和教学能力直接影响着美育教育的质量。因此，需要加强美育教师的培训和专业发展，提升他们的美育教学水平。教育部门可以组织美育培训班、研讨会等活动，为美育教师提供持续的专业培训和交流平台。

为了提高美育教师的工作积极性和创造性，还需要给予他们合理的薪酬和福利待遇。这样可以吸引更多优秀的人才从事美育教育工作，并激发他们的教学激情和创新能力。

（二）改变教育政策

针对教育环境中存在的挑战，改变教育政策是推动美育发展的重要对策之一。

政府应该明确并强调美育与理科教育的重要性和平衡性。美育作为培养学生全面发展的重要组成部分，应当在教育政策中得到充分的重视和支持。政府部门可以制定相关的政策文件，明确美育的地位和目标，将其纳入教育发展的整体规划和目标。

教育部门可以制定具体的实施细则和措施，以推动美育教育的开展。例如，可以要求学校在课程设置中合理安排美育课程的学时和内容，确保学生能够接受到全面的美育教育。同时，还可以鼓励学校和教师创新教学方法和手段，提高美育教学的吸引力和有效性。

政府还可以提供财政支持和奖励措施，鼓励学校和教师积极开展美育活动。例如，可以设立美育项目的专项基金，资助学校开展美育课程、艺术展览、文化交流等活动。同时，还可以设立美育教师的奖励机制，鼓励他们在美育教育方面的创新和突出表现。

另外，政府可以加强对美育教师的培训和支持，提高他们的专业素质和教学水平。可以设立专门的美育师资培训机构或项目，为美育教师提供系统的培训和进修机会。同时，政府可以通过各种途径，如拨款、奖学金等，提供经济支持，减轻美育教师的经济压力，提高他们从事美育教育工作的积极性和投入度。

（三）提升教师素质

教师是教育环境中最关键的因素之一，他们的专业素质和教学能力直接影响着美育教育的质量和效果。为了应对教育环境的挑战，人们需要采取措施提升教师的素质，使其具备更好的美育教学能力。

加强美育教师的培训和专业发展。教育部门可以组织定期的美育培训班、研讨会和研究项目，为教师提供更新的美育理论和实践知识。这些培训活动可以涵盖美育教学方法、艺术欣赏技巧、教学资源的开发等方面的内容，帮助教师不断提升自己的美育教学水平。

建立良好的教师支持系统。教师在美育教学中面临各种挑战和困难，需要得到及时的支持和指导。学校和教育机构可以建立专门的美育教师团队或导师制度，为教师提供定期的教学辅导和反馈。同时，可以组织教师间的交流和合作活动，促进经验和资源的共享。

鼓励教师参与美育教学研究和实践。教师在教学实践中积累了丰富的经验和观察，可以通过研究和分享，推动美育教育的发展。教育部门可以设立美育教学研究项目，鼓励教师参与其中，并提供相应的支持和奖励。这样可以激发教师的创新能力和热情，提升美育教育的质量和效果。

此外教育机构和学校可以制定完善的教师评价和激励机制，鼓励教师在美育教育方面的持续发展。可以通过教师评估和绩效考核等方式，评价教师在美育教学方面的表现，并给予相应的奖励和晋升机会。这样可以激励教师积极投入美育教育工作，并不断提升自己的教学能力。

（四）建立有效的评价体系

建立一个全面和公正的美育效果评价体系是应对教育环境挑战的重要对策之一。这样的评价体系可以监控美育活动的实施，评估其效果，并为下一步的改进提供参考。

确定评价指标和标准。评价指标应该与审美素质养成的目标相一致，如审美能力、创造力、文化意识等方面的发展。同时，需要建立明确的评价标准，以便对学生的表现进行客观和公正的评估。

采用多样化的评价方法和工具。评价方法可以包括观察记录、作品评析、学生自评和同伴评价等多种方式。这样可以从不同角度和维度全面了解学生的审美素质养成情况，避免过度依赖传统的笔试考试评价方法。

评价应当注重过程和成果的综合考量。审美素质养成是一个长期的过程，重点应该放在学生的学习过程和实践活动上，而不仅仅是结果的评判。因此，评价体系应该注重对学生参与美育活动的态度、努力程度和成长变化的评估。

评价结果应该及时反馈给学生和教师。评价结果的反馈可以帮助学生了解自己的优势和不足，激发他们的自我认知和学习动力。对教师而言，评价结果可以帮助他们了解教学的效果，发现问题并及时调整教学策略。

最后，评价体系应该是动态的和持续改进的。随着美育教育的不断发展，评价体系也需要随之更新和完善。教育部门和学校可以定期进行评价体系的回顾和调整，确保其与美育教育的目标和需求保持一致。

（五）提高家长和社会的认识

家长和社会对美育的认识和支持程度对于学生的审美素质养成至关重要。因此，为了应对教育环境中的挑战，人们需要采取措施提高家长和社会对美育的认识和参与度，让他们成为美育活动的支持者和合作伙伴。

加强家长教育和引导。教育机构可以组织家长教育讲座、研讨会等活动，向家长传达美育的重要性和价值，提供相关的教育资源和指导，帮助家长了解如何在家庭环境中培养孩子的审美素质。同时，还可以提供家长指南和建议，引导家长与孩子一起参与美育活动，如一起观看艺术展览、演出，一起进行艺术创作等。

加强与社区和社会机构的合作。学校和美育教育机构可以积极与社区合作，共同举办美育活动，如艺术展览、文化节庆等。同时，还可以与社会机构建立合作关系，如美术馆、剧院、音乐学院等，提供更多的美育资源和学习机会。这样可以丰富学生的美育体验，同时吸引家长和社会的关注和参与。

利用媒体和网络平台宣传美育的重要性。媒体和网络平台具有广泛的传播渠道和影响力，可以利用这些平台宣传美育的理念和成果，向公众普及美育知识，激发公众对美育的兴趣和关注。同时，也可以借助媒体和网络平台分享学生的美育作品和成果，展示他们的创造力和艺术才华，引起家长和社会的赞赏和认同。

建立家校社区合作机制。学校、家长和社区可以建立定期的沟通和合作机制，共同关注学生的美育发展。可以举办家长会议、社区座谈会等活动，就美育教育的重要性和发展方向进行讨论和交流。通过建立良好的家校社区合作关系，可以形成共同关注和支持学生美育发展的良好氛围。

三、面对个体差异挑战的建议

面对个体差异挑战的建议如图 8-3 所示。

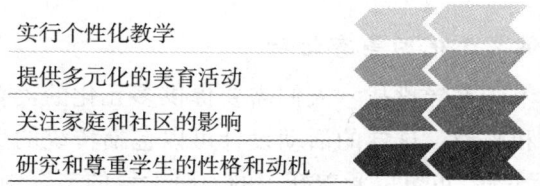

实行个性化教学

提供多元化的美育活动

关注家庭和社区的影响

研究和尊重学生的性格和动机

图 8-3　面对个体差异挑战的建议

（一）实行个性化教学

个体差异挑战是指不同学生在审美素质养成方面存在着个体差异，包括审美能力、兴趣偏好、学习风格等方面的差异。为了应对这一挑战，需要实行个性化教学，以满足每个学生的特殊需求和发展潜力。

1.教师素质

教师需要具备高水平的专业素质，熟悉不同学生的个体差异，并能够准确识别学生的特点和需求。通过观察、交流和评估等方式，教师可以了解学生的审美能力水平、兴趣爱好以及学习偏好，从而有针对性地制定个性化的教学计划。

2.运用多种教学方法和策略

对于审美能力较高的学生，教师可以提供更深入、复杂的审美学习任务，鼓励他们进行独立思考和创造性表达。对于审美能力较弱的学生，教师可以采用启发式教学方法，通过激发学生的兴趣和想象力，培养他们的审美能力。

3.灵活的课程设置和教学资源的选择

教师可以根据学生的兴趣和特长，提供多样化的学习内容和活动，如美术作品创作、音乐演奏、舞蹈表演等，以激发学生的创造力和艺术才能。同时，教师还可以结合现代技术手段，如虚拟实境、多媒体教学等，为学生提供更具吸引力和个性化的学习体验。

4.建立良好的沟通和互动关系

教师应积极倾听学生的意见和反馈，关注他们的需求和兴趣，鼓励他们积极参与学习过程，并给予个体化的指导和支持。

（二）提供多元化的美育活动

为了应对个体差异挑战，人们需要提供多元化的美育活动，以满足不同人的需求和兴趣。这样的活动设计可以包括传统的美育活动，如绘画、音乐、舞蹈等，也可以涵盖新兴的、跨学科的美育领域。

1.传统的美育活动

绘画、音乐、舞蹈等艺术形式可以帮助学生培养艺术表达能力、审美欣赏能力和艺术创造力。因此，学校和美育教育机构可以组织各种艺术课程和活动，包括绘画班、乐器演奏班、舞蹈表演等，让学生有机会参与和体验各种艺术形式。

2. 新兴的、跨学科的美育活动

可以组织艺术与科学的交叉活动，让学生通过艺术形式探索科学原理和现象；可以引入数字艺术、媒体艺术等新领域的学习，让学生了解和运用新媒体技术进行艺术创作；还可以开展社会艺术项目，让学生通过艺术的方式关注社会问题并进行表达。

3. 充分考虑学生的兴趣和特长

学校和教育机构可以提供多样化的选修课程和俱乐部活动，让学生根据自己的兴趣选择参与。例如，可以设置不同主题的艺术俱乐部，如绘画俱乐部、摄影俱乐部、戏剧俱乐部等，让学生在兴趣的驱动下深入学习和实践。

4. 组织各类艺术展览、文化节庆活动

通过组织活动进而展示学生的艺术作品和成果，增加学生的艺术表现机会，激发他们的创造力和自信心。

（三）关注家庭和社区的影响

家庭和社区在个体的审美素质养成中扮演着重要的角色。为了应对个体差异挑战，需要关注和利用家庭和社区对美育的影响，并与他们建立更多的合作和交流，以共同促进学生的美育发展。

首先，与家庭的合作是关键。教育机构可以与家长进行沟通，分享美育教育的重要性和价值，提供相关的教育资源和指导，引导家长在家庭环境中积极培养孩子的审美素质。例如，可以通过家长会议、家庭作业指导和家庭艺术活动等方式，加强与家长的合作和互动，共同关注学生的美育发展。

其次，与社区的合作也是非常重要的。教育机构可以积极与社区合作，共同举办美育活动，如艺术展览、文化节庆等。通过与社区合作，学生可以接触到更广泛的艺术形式和文化传统，丰富他们的审美体验和视野。同时，社区的资源和专业人士可以为学生提供更多的艺术指导和支持，激发他们的创造力和艺术才能。

另外，可以通过社区参与计划来加强学生与社区的联系。学校和教育机构可以鼓励学生参与社区艺术项目、志愿服务活动等，让学生通过艺术的方式关注社会问题并进行表达。这样可以培养学生的社会责任感和艺术创造力，同时促进与社区的互动和合作。

此外，还可以利用社交媒体和网络平台搭建家庭和社区与学校之间的沟通桥梁。通过在线平台，教育机构可以与家长和社区保持及时的交流和信息分享，提供美育教育的相关资源和指导。同时，家长和社区也可以分享学生在家庭和社区中的美育经验和成果，增强彼此之间的理解和支持。

（四）研究和尊重学生的性格和动机

个体差异挑战中，学生的性格和动机对于美育教育的效果有重要影响。为了应对这一挑战，需要进行更多的心理和教育研究，以了解学生的性格特点和学习动机，从而设计和实施更有针对性的教学策略。

通过心理测量工具和评估方法，深入了解学生的性格特点。学生的性格特点包括外向与内向、情绪稳定与易激动、分析思维与直觉思维等。了解学生的性格特点有助于教师更好地理解学生的学习方式和偏好，设计适合他们的教学策略。例如，对于外向型学生，可以采用小组合作学习的方式，注重交流和合作；对于内向型学生，可以提供独立学习的机会，注重个体思考和表达。

学习动机是影响学生学习行为和表现的重要因素。学生的学习动机可以是内在动机，如兴趣、自主性、追求成就感；也可以是外在动机，如获得奖励、避免惩罚等。了解学生的学习动机可以帮助教师针对性地激发学生的学习兴趣和动力。教师可以通过情境设计、目标设定、激励措施等方式，调动学生的积极性和主动性，提高他们的学习动机。

在教学实践中，尊重学生的个体差异，充分考虑他们的性格特点和学习动机。这意味着教师要灵活调整教学策略和方法，根据学生的需求和特点进行个性化教学。例如，对于喜欢竞争的学生，可以设置艺术比赛和评比活动，激发他们的竞争动力；对于喜欢合作的学生，可以设计团队艺术创作项目，培养他们的协作能力和团队精神。

鼓励学生自我反思和自主选择是促进个体差异的重要策略。教师可以引导学生思考自己的兴趣和学习目标，并给予他们选择和决策的机会。这样可以增强学生的自主性和责任感，培养他们自主学习的能力，并发掘和发展他们的个性潜能。

第九章　总结与展望

第一节　研究总结

一、研究的主要发现

在这部专著中，对于美育视角下的审美素质养成进行了全面的研究。这项研究的主要发现包括以下几点：

审美与美育的理论探究：我们对审美和美育的理论基础进行了深入的剖析，强调了美育在审美发展中的核心作用，并对美育和审美的关联性进行了详细的探讨。

审美素质的内涵与特征：我们定义了审美素质的概念，并且探讨了其构成要素。同时，审美素质的发展与转变也作为研究的一部分，指出审美素质在不同发展阶段的变化特征。

美育视角下的审美素质养成：我们阐述了美育的作用，分析了其在审美素质养成中的策略，并且详细讨论了美育实践在审美素质养成中的应用。

社会、家庭与学校在审美素质养成中的角色：我们对社会环境、家庭教育以及学校教育对审美素质的影响进行了深入的探讨。

审美素质评价体系的构建：我们强调了审美素质评价的必要性，建立了一套评价指标，并提出了实施策略。

美育视角下的审美素质养成策略：我们明确了在美育环境中，如何创设美育环境，建立美育体系，实践美育活动，以推动审美素质的养成。

总体来说，这项研究深入挖掘了审美素质养成的各个环节，从理论到实践，从单个个体到整个社会环境，都进行了全面的考虑和分析。

二、研究的贡献

对于本书的理论和实践贡献，我们可以从以下几个方面进行深入讨论：

对审美和美育理论的贡献：在本书中，我们深入挖掘了审美和美育的理论基础，阐述了美育在审美发展中的核心作用，并对美育和审美的关联性进行了详细的讨论。这为理解审美素质的本质，以及审美素质在个体和社会发展中的作用提供了理论支撑。

对审美素质内涵的探索：本书不仅定义了审美素质的概念，还深入探讨了其构成要素和发展变化特征。这为理解和评估审美素质提供了理论依据，同时也为进一步研究审美素质的养成路径提供了参考。

对审美素质养成策略的创新：本书从美育的角度出发，提出了一套审美素质养成的策略和方法，包括创设美育环境、建立美育体系以及实践美育活动等。这些策略和方法不仅具有理论创新性，同时也具有较高的实践指导价值。

对审美素质评价体系的构建：本书构建了一套审美素质评价体系，包括评价的必要性、评价指标的建立以及实施策略等。这为评价和提升个体和集体的审美素质提供了有效的工具。

对审美素质养成的社会、家庭与学校角色的研究：本书分析了社会环境、家庭教育以及学校教育对审美素质的影响，揭示了多元主体在审美素质养成过程中的重要作用。

综上所述，本书在理论上深化了对审美素质及其养成的理解，同时在实践方面，为实际的审美素质培养提供了可操作的策略和方法，具有显著的理论和实践贡献。

第二节　研究的创新与不足

一、研究的创新点

在进行审美素质养成研究的过程中，本书所具备的创新点主要体现在以下几个方面：

首先，对审美素质的内涵和特征进行了深入研究。过去的研究对于审美素质的理解主要停留在表面层次，或者只侧重某一方面，而本书尝试从一个全面而深入的角度，探讨审美素质的定义、构成以及发展和转变。这一创新性的理论探索，有助于我们更为深入和全面地理解审美素质这一概念，也为后续审美素质养成策略的制定提供了理论支持。

其次，本书强调了美育在审美素质养成中的核心作用，并提出了一系列创新性的美育策略。这些策略包括创设美育环境、建立美育体系以及实践美育活动等，不仅注重审美素质的内在发展，也考虑到外在环境对审美素质养成的影响。这一点与以往的研究不同，它不仅仅将美育视为一种教育手段，而是将其提升到了审美素质养成的核心地位，体现了审美教育的全人教育理念。

再次，本书将社会环境、家庭教育和学校教育等多元主体纳入审美素质养成的研究视野，对其在审美素质养成中的作用进行深入分析。这一创新性的视角使得审美素质养成的研究不再局限于单一的教育场景或个体行为，而是尝试构建一个全面的、包含多元主体的审美素质养成模型。这种模型不仅更为贴近实际情况，也为理解和解决审美素质养成中的实际问题提供了新的视角和思路。

最后，本书构建了一套完整的审美素质评价体系，并提出了实施策略，这是过去审美素质研究中较为缺乏的一环。这套评价体系能够对审美素质进行全方位的、多角度的评价，有助于更准确地把握审美素质的发展状况，并及时调整养成策略。而评价体系的实施策略，则提供了一种实用的、操作性强的评价工具，有助于实际操作中的评价工作。

本书在审美素质养成的理论探索和实践策略上都显示出较高的创新

性。这些创新不仅丰富了审美素质的理论研究，也为实际的审美素质培养工作提供了新的思路和方法。

二、研究的不足之处

在审美素质的具体内涵和特征研究中，人们对审美素质的认知和理解仍然存在局限性。审美素质是一个非常复杂的心理结构，涉及情感、认知、审美技能等多个层面，虽然我们尝试从全面的角度出发，探讨审美素质的各个方面，但仍然难以涵盖其全部内容。这使得我们在构建审美素质养成策略和评价体系时，会存在忽视某些重要方面的情况。

关于美育在审美素质养成中的作用，本书的讨论侧重于理论层面，虽然提出了一些具有实践意义的策略，但在具体的实践应用中，我们还没有进行足够深入的研究和探讨。例如，我们提出的美育环境、美育体系和美育活动等策略的具体实施方式、效果评价等问题，仍需要进一步的研究和探索。

尽管我们尝试将社会环境、家庭教育和学校教育等多元主体纳入审美素质养成的研究视野，但这些主体之间的关系、相互作用等问题，尚未进行深入的探讨。这使得我们的审美素质养成模型存在一定的简化和片面性。

我们构建的审美素质评价体系和实施策略，虽然具有一定的理论和实践价值，但其可行性和有效性仍需要进一步的验证。例如，我们需要更多的实证研究来检验这套评价体系的适用性和准确性，以及实施策略的效果和影响。

本书在审美素质养成的理论研究和实践策略上都存在一些不足和局限，这也是我们未来研究的主要方向。

第三节　研究展望

一、审美素质养成的未来趋势

审美素质养成的未来趋势可从多个层面来观察。

（一）社会层面的变化

正在推动审美素质养成的重要性不断提升。在 21 世纪这个全球化和数字化的时代，审美素质已经不再仅仅是艺术专业人才所需要的，而是所有人都需要具备的一种基本素质。这是因为在当今的社会生活中，人们需要通过审美素质去理解和欣赏各种各样的文化现象，同时也需要通过审美素质去创造和传播自己的文化价值。因此，我们预见，未来的社会将会更加重视审美素质的培养，审美素质养成将成为教育的一项重要任务。

（二）教育层面的变化

在促进审美素质养成的发展。传统的教育往往偏重于知识的传授和技能的训练，而忽视了审美素质的培养。但随着教育理念的不断刷新，人们已经认识到，审美素质是人的全面发展和幸福生活的重要组成部分。因此，未来的教育将会更加重视审美素质的培养，将其纳入教育的重要目标和内容中。这会体现在教育政策的制定、课程的设计、教学方法的选择、评价体系的构建等多个方面。

（三）科技层面的进步

在推动审美素质养成的未来发展。当今的科技，特别是信息技术和人工智能技术，为审美素质的培养提供了新的可能。例如，虚拟现实技术可以使人们身临其境地体验各种艺术作品；人工智能技术可以通过大数据分析，帮助人们理解和掌握审美规律；在线教育平台可以让人们随时随地接受美育，等等。因此，我们预见，未来的科技将会与美育深度融合，成为推动审美素质养成的重要力量。

审美素质养成的未来趋势显示出一个多元发展的局面，其中既有社会需求的推动，也有教育理念的刷新，还有科技进步的助力。在这个趋势下，我们期望看到更多的研究和实践投入，进而逐步完善审美素质养成未来体系的构建。

二、美育的未来发展趋势

对于美育的未来发展，其趋势和方向在很大程度上将取决于社会文化的发展需求、教育理念的变革以及科技进步的推动。

从社会文化的角度来看，人们对精神生活的需求在逐渐增强。随着生活水平的提高，人们开始更多地追求精神满足，而美育，作为审美素质的重要来源，有助于满足这种需求。同时，多元文化的交流也推动了美育的发展。在全球化的今天，人们可以通过网络平台接触到各种不同的文化形式，这需要人们具备较高的审美素质才能欣赏和理解。因此，美育的重要性在未来将会进一步提升。

从教育理念的角度看，美育的发展将受益于教育公平和个性化教育的理念。教育公平理念认为，每个人都应该有接受美育的机会，这将推动美育在更广泛的范围内开展。个性化教育理念则强调尊重和发展每个人的独特性，这将促进美育的多样化和个性化。在这种理念的指导下，未来的美育将更加丰富多彩，更加贴近每个人的实际需求。

从科技进步的角度看，未来的美育将更加依赖于科技。信息技术、人工智能、大数据等新兴科技正在深刻地改变人们的生活方式，同样也在影响美育的方式和方法。例如，数字化技术可以使艺术作品以数字化形式被更多人接触；人工智能可以为美育教学提供个性化的教学方案；大数据可以帮助理解和分析美育效果等。因此，科技进步将为美育的未来发展提供强大的支持。

在这些趋势的共同影响下，美育的未来发展将呈现出充满活力和希望的景象。美育将不再仅仅是少数人的特权，而是广大人民群众的权利；美育将不再仅仅是传统的艺术欣赏和创作，而是包含更多元化的内容和形式；美育将不再仅仅依赖于教师的传授，而是依靠科技的支持，实现更高效和个性化的教学。

三、未来审美素质养成研究的期待

对于未来审美素质养成研究的期待，可以从多个角度进行深入的探讨。

从学术研究的角度来看，当前关于审美素质养成的研究仍有很多领域等待开发。

例如，尽管大量的研究已经对审美素质养成的各种因素进行了深入的探讨，但对于各因素之间如何相互作用、相互影响的研究还不够充分。此外，审美素质养成的过程涉及大量复杂的心理过程，如情感、认知和动机等，这些过程如何在审美素质养成中起作用，也是一个值得进一步研究的课题。因此，期待未来有更多的研究者投入这个领域，用更深入、更全面的研究来丰富人们对审美素质养成的理解。

从教育实践的角度看，尽管当前已经有一些关于审美素质养成的策略和方法被提出和实施，但是如何在实际教学中有效地应用这些策略和方法，仍是一个挑战。未来的教育实践需要更多地基于实证研究，将研究结果应用到教学中，以提高审美素质养成的效果。此外，还需要开发出更多符合学生个体差异、适应不同教育环境的审美素质养成策略和方法。

从社会发展的角度看，社会对审美素质的需求将会持续增强。在这种背景下，期待未来的审美素质养成研究能够为社会发展提供更大的贡献。例如，通过审美素质养成，人们可以更好地欣赏和理解不同的艺术形式，从而提高生活质量；通过审美素质养成，人们可以更好地创新和创造，从而推动社会文化的发展。

对未来审美素质养成研究的期待可以归纳为：期待有更多的研究者和实践者参与到这个领域，期待有更多的研究和实践成果被发现和应月，期待审美素质养成能够为社会发展提供更大的贡献。

参考文献

[1] 商宁. 审美素质 [M]. 石家庄：花山文艺出版社，2013.

[2] 宇慧. 审美素质教育概况 [M]. 沈阳：沈阳出版社，1998.

[3] 国家教委《中国新一代》杂志社. 审美素质教育 [M]. 北京：时事出版社，1996.

[4] 常鸣. 成才新素质 成才与审美素质 [M]. 北京：档案出版社，2003.

[5] 宇慧. 审美素质培养丛书 书法入门 [M]. 沈阳：沈阳出版社，1998.

[6] 顾颉. 教师审美素质与学生发展研究 [M]. 成都：四川教育出版社，2001.

[7] 宇慧. 审美素质培养丛书 文学美与欣赏 [M]. 沈阳：沈阳出版社，1998.

[8] 刘晓明. 以美育人，优化高校美术审美教育 [J]. 美术教育研究,2023(9):137-139.

[9] 梁兰兰. 美育在中小学教育教学中的实施：评《中小学生美育教育知识》[J]. 教育理论与实践,2023,43(11):2.

[10] 杨林. 手工艺美育的语言结构及其审美理解 [J]. 美与时代（上),2023(4):78-80.

[11] 博雅杰. 服务地方美育教育的音乐学自治区一流本科专业建设研究：以 Y 师范大学音乐学专业为例 [J]. 创新创业理论研究与实践,2023,6(7):83-86.

[12] 周琴.审美生态学维度下的音乐作品鉴赏探讨[J].艺术评鉴,2023(6):17-20.

[13] 张敬梓,李建群.论当代中国审美观念的变迁及其现实转向[J].阅江学刊,2023,15(2):154-161,175.

[14] 胡萍,彭军林.以美育为载体的新时代高职校园文化建设[J].公关世界,2023(6):87-89.

[15] 罗涛.加强和改进乡村艺术与美育教育[J].中国农业资源与区划,2023,44(3):167,204.

[16] 杜明霞.中职学生音乐审美判断素养浅析:以音乐鉴赏课堂教学为例[J].大连教育学院学报,2023,39(1):78-80.

[17] 张群.审美教育是语文教育的基本担当[J].文学教育(下),2023(3):180-183.

[18] 王书艳.园与境:山水审美的园林转向与唐"诗境"说的形成[J].浙江社会科学,2023(3):140-147,161.

[19] 闫贝妮,宋琦."身心合一"在高校美育课程中的实效与审美价值:以北京师范大学研究生公选课"身体视觉与创意舞动"为例[J].艺术教育,2023(3):249-252.

[20] 高军,周彦兵.高职院校特色美育育人新架构探究[J].深圳信息职业技术学院学报,2023,21(1):14-19.

[21] 万莹.略论马克思主义美育教育[J].黑河学院学报,2023,14(2):80-82,96.

[22] 李亚西,袁淑芬.新时代美育背景下学前教育师范生美育素养培养的价值、问题与对策[J].潍坊学院学报,2023,23(1):103-107.

[23] 彭青.美育视域下民族歌剧在高校的审美价值阐发与推广研究[J].歌唱艺术,2023(2):37-41.

[24] 殷曼楟.美育社会参与及审美经验的重塑[J].南京社会科学,2023(2):116-124,142.

[25] 徐望.博物馆艺术审美型展览的美育功能发挥[J].东方收藏,2023(2):83-85.

[26] 熊哲犇,蒋嘉陵.新媒体环境建构体育舞蹈美育模式的思路探究:评《健美操和体育舞蹈的审美价值与健身价值研究》[J].新闻爱好者,2023(1):115.

[27] 张景瑶,刘笑.以美向善,以善审美:对中学美术教育的美育实践思考
[J].美术教育研究,2023(1):130-132.

[28] 邢旭,陈淼.仪式与审美:高校美育课程新构想:以美食纪录片为例[J].
西部广播电视,2022,43(22):95-97.

[29] 马晓薇.浅析席勒美育思想对我国高校审美教育的启示[J].公关世
界,2022(22):114-116.

[30] 张惠香.美育视角下技工院校语文教学培养学生审美能力的策略研究[J].
中国培训,2022(11):63-64.

[31] 单杰.美育教育赋能大学生美好生活的审美能力[J].中国高等教
育,2022(21):51-52,55.

[32] 杨晶洁.加强高校美育教育中的美术审美教育策略研究[J].大众文
艺,2022(20):148-150.

[33] 李雪松,张慧.博山陶瓷彩绘的审美特征及其融入学校美育的实施路径
[J].山东陶瓷,2022,45(5):45-50.

[34] 夏焓萌.如切如磋,如琢如磨:美育对高等书法教育的审美拓展[J].中
国美术,2022(5):104-110.

[35] 卢春红.从天然雕塑到审美心态:论王朝闻的美育路径[J].文艺研
究,2022(10):18-30.

[36] 张千一.中国传统审美意象在现代美育中的价值探讨:评《中国传统
审美意象与美术教育》[J].中国教育学刊,2022(10):112.

[37] 周畅.互联网时代美育教育面临的机遇与挑战:评《审美教育"以美育德"
的机理研究》[J].科技管理研究,2022,42(17):271.

[38] 高隽超,郑兰.舞蹈美育课程审美雅趣素养的学业标准研究[J].中国艺
术,2022(S1):15-19.

[39] 刘业伟,张春阳.大学生网络审美能力的培养:以吉林工商学院大学美
育课程为例[J].吉林工商学院学报,2022,38(4):126-128.

[40] 戴轩辕,苗飞.小学音乐审美教学目标价值体系的创新建构[J].教学与
管理,2022(23):49-52.

[41] 王俊月,石作荣.中医之美与医学生审美素质的培养[J].中国医学人

文 ,2022,8(7):14-16.

[42] 胡建军 . 论大学生音乐审美素质的培养路径 [J]. 当代音乐 ,2022(6):36-38.

[43] 徐荣荣 . 高校美育工作中音乐审美素质的培养 [J]. 江西电力职业技术学院学报 ,2021,34(10):95-96, 98.

[44] 张亚男 , 丁珏 . 乡村振兴战略下农民审美素质培育路径研究：基于对广东 1568 名农民审美素质的调查 [J]. 中国成人教育 ,2021(19):77-80.

[45] 陈俊敏 . 人文素养在社区护理教学中多元渗透的对策分析 [J]. 中国卫生产业 ,2019,16(5):142-143.

[46] 高萍 . 道德信仰视域下的国民审美素质提升 [J]. 创造 ,2019(2):65-70.

[47] 黄慧 . 舞蹈美学视阈下大学生审美素质养成研究再探 [J]. 北方音乐 ,2018,38(23):211-212.

[48] 唐燕 , 邓海龙 , 赵程 . 积极心理学视域下护理专业高职学生人文素质培养研究 [J]. 卫生职业教育 ,2018,36(14):56-58.

[49] 王婷婷 . 音乐教育与"审美素质"培养的相关问题探讨：以"视唱练耳"教学为例 [J]. 合肥学院学报 (综合版),2018,35(3):131-135.

[50] 杨明倩 . 速写对审美素质的培养 [J]. 大众文艺 ,2018(11):78-79.

[51] 苏黄菲菲 . 浅议礼仪教学与学生审美素质的提升 [J]. 当代教育实践与教学研究 ,2017(11):240.

[52] 陈锐聪 . 试论在创业创新时代背景下大学生审美素质的培养与提高 [J]. 教育现代化 ,2017,4(37):5-6.

[53] 王婷 . 试论工艺美术教育审美素质的培养 [J]. 纳税 ,2017(24):176.

[54] 吴惠霞 , 齐彩霞 . 小学语文教学中如何培养学生的审美素质 [J]. 西部素质教育 ,2017,3(13):89.

[55] 姜亚琳 . 大学生审美素质培养路径研究 [J]. 知识经济 ,2017(14):179-180.

[56] 许璐 , 劳永聪 , 陈梅忠 , 等 . 审美教育对实习护生审美素质的影响 [J]. 实用临床护理学电子杂志 ,2017,2(24):187, 193.

[57] 王艳芬 . 全民艺术普及在国民审美素质提升中的作用 [J]. 中外企业家 ,2017(14):260.

[58] 魏鸿浩 . 可持续发展背景下建设类高职学生艺术审美素质提升实践路

径研究 [J]. 中国民族博览 ,2017(4):48–49.

[59] 魏鸿浩 . 建设类高职学生艺术审美素质教育的意义、现状及对策研究 [J]. 艺术评鉴 ,2017(5):149–151.

[60] 徐海涛 . 浅谈音乐教学中学生审美素质的培养 [J]. 北方音乐 ,2017,37(1):163.

[61] 孔令庚 . 论全民艺术普及在国民审美素质提升中的作用 [J]. 中国培训 ,2016(12):296.

[62] 阮菲菲 . 探讨音乐欣赏与审美素质教育 [J]. 音乐时空 ,2016(9):159–160.

[63] 赵亦菲 . 蔡元培美育思想与中国当代女大学生审美人格培养研究 [D]. 西安：西安美术学院 ,2022.

[64] 张博 . 美育文化建设背景下高校服饰审美教育研究 [D]. 天津：天津师范大学 ,2022.

[65] 林祎晗 . 丰子恺美育思想对中学生审美能力提高的实践研究 [D]. 昆明：云南师范大学 ,2022.

[66] 毛鑫莹 . 美育视角下基于提升少儿审美感知力的拉丁舞教学设计与运用研究 [D]. 武汉：武汉体育学院 ,2022.

[67] 张傲 . "00 后"大学生审美现状调查与美育路径研究 [D]. 长春：吉林大学 ,2021.

[68] 王琪 . 朱光潜美育思想的审美现代性分析 [D]. 临汾：山西师范大学 ,2021.

[69] 郑华 . 审美视域下的身体美育研究 [D]. 西安：西安电子科技大学 ,2020.

[70] 汤鑫硕 . 关于席勒《审美教育书简》中的美育思想研究 [D]. 沈阳：沈阳师范大学 ,2020.

[71] 詹思明 . 丰子恺漫画的审美价值及对当代美育的启示 [D]. 呼和浩特：内蒙古大学 ,2020.

[72] 马丹平 . 基于"审美鉴赏与创造"的高中古诗词美育教学研究 [D]. 昆明：云南师范大学 ,2019.

[73] 龚彦艳 . 美育类节目的创新与审美普及 [D]. 南昌：江西师范大学 ,2019.

[74] 黎鹏 . 席勒《审美教育书简》对我国美育的启示 [D]. 吉林：北华大学 ,2018.

[75] 蒲奕菲 . 美育视野下审美音乐教育思想探究 [D]. 西安：西安音乐学

院 ,2018.

[76] 石明璐 . 中国儿童电影的审美特征及美育价值研究 [D]. 长春：东北师
范大学 ,2017.

[77] 文凤君 . 以美育人：中国 20 世纪初期以审美为核心的音乐美育思想研
究 [D]. 北京：中央音乐学院 ,2015.

[78] 王燕平 . 审美现代性视域下席勒美育思想的辩证分析 [D]. 济南：山东
大学 ,2015.

[79] 张若琴 . 中小学美育困境与审美人格培养 [D]. 成都：四川师范大学 ,2015.

[80] 蔡秋琴 . 岭南高校建筑的审美分析及其美育研究 [D]. 广州：华南理工
大学 ,2013.